冬念夏想

馬明圓 著

⋯性上海姑娘由模特兒蛻變成兩女之母，

⋯為女兒、妻子、母親、異鄉人，透過細膩清透的文字，

⋯訴一路走來對生活及人情的「胡思亂想」。

青森
文化

冬念
夏想

冬念
夏想

序

　　想為本書起名《冬念夏想》是因為從 2016 年開始，只要一有時間，我會寫一些文章放在網絡上和網友們分享。雖然讀者人數有限，不過我覺得寫一篇文章，如果自己的一些想法可以給予同路人一絲啟發和激勵，哪怕讀者只是一人，我都樂意去做這件事。作者寫他（她）想達且能表達的內容，是一種樂趣，個人很享受這種不受拘束的自由。最後一篇文章寫於 2022 年中期。這 6 年時間裡，家中又新添了一位小天使，成為兩個孩子的母親後，思想也經歷了各種變化。人生在前進的路途中也時常在懷念，懷念過去的人和事。作為異鄉人在香港會更敏感地看待身邊的一些變化，也時常懷念兒時在上海生活的一些點滴，在當下和過去的交錯中常常思考人生的意義，希望可以通過文字記錄人的成長，見證歲月的變遷。

　　大概從 19 歲左右我就開始在網上用 Blog 來紀錄生活中的一些片段和思緒。可惜曾經寫 Blog 的網站早已不復存在，曾經愛用的聊天軟件 MSN 也早已退出歷史舞台，喜愛的、留過痕跡的網站有一些也無處可循，

安放自己相片的網站也取消了相冊這個功能。網絡似乎給不了我安全感，雖然我依然喜愛在網絡上寫一些自己的感想，內心還是期待可以把所有的文字集結成冊，這也是為何要出版這本書的一個緣由，希望可以通過文字留下一些痕跡。

在未來的日子裡，文字可以以書籍的方式保存在身邊，等孩子長大後或許有機會可以打開此書，了解自己母親在當時的一些心思，也是一件有趣的事。

一‧腦海中迴盪的兒時畫面

冬念 夏想

小時候的回憶已經模糊成碎片，不過那些短暫的片段一旦在腦海中駐留，就是一世的回憶。今天腦海中又在回想起了兒時的一個畫面，那一年我 6 歲左右，父親從幼兒園接送我回家，因為家裡剛剛搬入父親單位分配的新家，位置在上海地理相對偏遠的地方。母親料理家務在家中等我們歸來。

那晚，正值上海的秋冬季節，天空下著綿綿小雨，父親沒有帶傘，我們站在車站擁擠的人群中，有個小販在販賣孩子們喜愛的玩具。尚是孩童的我被一個玩具所吸引，依稀記得那是一絲一絲纖維質地做成的彩色燈。我和父親表達想要這個玩具的念頭，父親在雨中和我說他身上只剩十元的現金，買了玩具後未必有足夠金錢乘搭公車回家。那時的我已經開始產生同理心，不忍心用完父親身上最後的錢財，和父親表示還是不要了。

不知為何，父親最後還是買下了玩具。那時的我感動之餘開始擔心父親買玩具剩下的錢是否夠讓我倆坐公車回家。雖然手上抓著父親給我買的新玩具，內心卻充滿愧疚和不安。在忐忑中，父親把我抱上緩緩

駛入的公車內，在車上我依然擔憂地問父親是否有足夠的金額坐車，父親只是讓我安心。公車大約需經過 5 個站才到我的新家，因為是下班時分，公車內擠滿了人，怕我摔跤的父親用他的臂膀全程抱著我。父親臉上掛著些許雨點的痕跡，看著辛苦抱著自己的父親，我全程都沈浸在自責的情緒中，責怪自己太過任性。

下車後，天色漸黑，父親依然抱著我走在回家的路上。因為那時的家尚沒有其他人入住，夜色中，可以很清晰地看到一棟樓中只有一個單位被明黃色的燈光所填滿。母親站在陽台前望著前方的路等我們歸來。在父親的臂膀中，望著前方的燈光，燈光下映襯著母親嬌小的身影，我覺得這是屬於我人生中的美好畫面。我相信每個人的人生中都有這樣記憶深刻的場景，值得用一世的時間來回味。

二
.
相
散
風
雨
中

匆匆的人生中，可以遇見已是莫大的緣份。許多
人見了一面後此生此世不會再見第二面。許多曾經工
作的朋友，彼此無交集後便如兩條平行線各自延伸。
有許多不捨的工作夥伴，對方或許不在意，在離別的
當下，自己的內心還是會暗暗不捨，心中各訴一句珍
重後從此分道揚鑣。直到多年後，對方漸漸在腦海中
模糊。一直覺得，對於自己來說，人生，不需要去轉
世喝孟婆湯，這不爭氣的記憶已經忘卻了此生許多的
人和事。

在不斷的遇見和忘卻中，才發現，無論人生的軌
跡如何發展，始終是精力有限，到最後真正親近朋友也
就幾個。隨著年輪的滾動，發現自己不再熱衷交新的
朋友，怕與新朋友的熱絡下掩蓋的是與老朋友的疏離。
與其和一群人在一起喧囂，越來越愛一個人靜下心思
考。甚至會想，不如在30-40歲這個人生階段封閉自己，
不交往不social，靜靜過著小日子。然後40歲拉開簾子，
看看幕後還有誰願意陪伴停留還是早已相散於歲月中。
君子之交淡如水，至少，我們曾經在地球運行的某一
個點，相遇過，談笑過，快樂過，互相理解過，就足
夠了。

三・年關前的人

朋友的爺爺在年前去世了。我想她一定很難過。用老人們常說，每年臨近過年，許多人都熬不到這個關口。節哀這種安慰的字眼通常顯得很客套卻也只好這麼回覆她。我想起了我的爺爺。那位在我 6 歲就離開我的長輩，雖然已經過去了無數個春秋，爺爺對我的愛卻一直留在我心中，不曾磨滅。爺爺沒有孫子，作為他直系的第一個孫女，他對我是疼愛有加的。據後來爸爸媽媽口中的形容的片段就是爺爺小時候見到我就笑。我從小不愛被陌生人抱所以爺爺每次想抱我我就會大哭，爺爺一直自嘲難道他身上帶刺我才會如此抗拒。

小孩子的記憶是模糊的。可我卻清晰記得爺爺對我的寵愛。那滲透出愛的眼神，現在回想起來仍覺得歷歷在目。在爺爺最後去世前幾日，我還記得那個醫院的名字，海員醫院。爸爸媽媽帶著我去探望。小時候的我不知是不習慣醫院的環境還是沒耐心吵著要回家。重病的爺爺也是囑咐爸爸媽媽帶我早點回去。後來沒幾天，爺爺就走了。我也懵懵懂懂的知道了這個事實，參加了爺爺的葬禮，葬禮中的我哭得泣不成聲，

隱隱約約中我知道一位愛我的人走了，兒時的傷痛似乎沒那麼持久，很快我又回復到平靜，繼續自己的童年生活。

　　這麼多年以來，我一直在想，如果當時我懂事的話，就不應該吵著回家而是多陪伴爺爺一會。想不到這傷痛的反射弧盡然是如此漫長，二十多年過去了，時不時我還是會想起他，爺爺的愛一直在溫暖著我。人會走，但是愛卻可以長存，足以溫暖我的一生。所以朋友，不要難過，人的壽命有限，我們無法改變造物主的規律。而愛可以留在我們心中，可以很久很久很久，直到我們繼續把它傳遞下去。

四 ‧ 婆媳決鬥

傳說中外公（母親的父親）外婆結婚的時候，外公的雙親早已不在人世，在我外婆眼裡這居然是外公很大的一個賣點，外婆的媽媽給當時年輕的外婆傳輸的理念現在看來有些荒謬，她覺得和這樣背景的人組成婚姻，未來不會有婆媳等一系列家庭問題的產生。雖然這個觀念現在看來有些可笑，其實也未必沒有它的道理。

愛情和婚姻有時候未必劃等號，結婚有時候是去融入一個家庭，並不是只是兩個人你儂我儂的簡單生活。就好比我身邊，就有存在婆媳問題的朋友，上升到離婚收場的也有幾對。我自己去回想那些離婚朋友的前另一半，都是非常友善的，婚姻走到最後的最大起因就是一個邪惡的蠻不講理的婆婆。一邊是母親一邊是愛情，左右都不是為難了老公。當老公沒有處理好婆媳之間的問題後，一旦懦弱不理或者偏袒母親後，就好像給自己婚姻生活埋了一顆地雷，婚姻生活平淡瑣碎，當許多小矛盾聚集到了一定程度，這顆地雷或許就是引爆整場爆炸的起因。

前幾天朋友找我傾訴，聊了許多婆家的問題後，我覺得他們夫妻間的問題，完全和夫妻兩個人沒有關

冬念 夏想

16

係，聽下來都是婆家的一些瑣碎的事，比如婆婆什麼都偏袒著自己兒子，妯娌間也有許多矛盾等等。我問她，你愛你的先生嗎？個人覺得這個點還是考慮整盤婚姻愛情棋如何下的第一個思考點，當然。當這瑣碎煩心的一切已經壓垮了曾經的愛情，那也是無法再勉強支撐下去的了。要維繫一段婚姻不容易，我和我朋友說，很難說下一個男人的家庭就可以讓你覺得盡善盡美，家家都有本難念的經。不要這麼輕言放棄。

　　有朋友和我說她懷孕 37 周，之前每次去婆家，婆婆都要和她說你怎麼肚子這麼小，多吃點，其實每次體檢她的體重增長很標準，她很不高興婆婆批評她。大家都安慰她說其實敷衍敷衍說好的好的我會多吃點就好了，婆媳之間相處最重要的是客客氣氣。沒有必要較真，我和她說將心比心，不要難過，婆婆未必是對你不好，比如說如果是我兒子的媳婦懷孕我覺得我也會這麼去嘮叨她的，人總是本能習慣護著自家人的，可以理解就不要任性。深深覺得要維繫好一段婚姻，真的是不容易，太太們要不斷提升自己的情商來處理一些從未有過的考驗。那些遇到好的婆家的女生們，真的是要好好珍惜了。

五
·
再見玫瑰

　　花謝了，散發著陣陣臭味，那絕望的腐朽味彷彿是無形的雙手推開你，讓你不敢靠近，不敢深呼吸。

　　花乾了，垂倒的姿態下那鮮艷的玫瑰色彷彿提醒著你她曾經是如此的嬌艷。

　　花被扔了，不用去難過，它曾經絢爛過，曾經美麗過，即使它現在的命運是被遺棄，是的，被我拋棄。卻不可否認它曾經美艷過。是的，你是如此的美麗而又嬌柔，彷彿那一切轉瞬即逝的美好。

　　別忘了它曾努力絢爛過，曾經和那群玫瑰們一起在陽光下嬌艷著，盛放著它的美麗。如今它走了，不用去悲傷，新的一批花朵們還會繼續綻放。它只是上天流水線操作台上的批次 293018343 號植物。如同日夜交替，它們的誕生從不停息。明年今日，它依舊還是如此美麗，它還是它，只是換了個肉體而已。

　　我願意記住你最美的樣子，那就夠了。

冬念夏想

人生之路總有挫折，在負能量的壓迫下，有些極端的人會選擇以毀滅自我生命的方式來結束人生。

打開電視新聞或報紙，時不時會看到自殺的新聞，內心不禁唏噓，難道，自殺，就真的可以解脫一切嗎？

生命的終結後，對於靈魂最終會走向何方還是一個未知數。

人活著，名利通常是分化社會階級的一個很大的指標。許多人因為自身社會地位的崇高或者財富的龐大而沾沾自喜。不過未必這是上帝在我們離開人世後來評定我們的標準。或許上帝評定的模式和我們人類社會生活中對於所謂的成功完全不同。或許榮譽屬於那些活著時刻苦耐勞認真過好每一日的人，亦或是勤懇的做好他／她工作中的每一個應該做好的細節的人。也可能是對自己的家人負責，性格樂觀，永遠傳遞給身邊人正能量的人。

有的人忍辱負重，為了家人更好的生活在外受盡上司的欺辱。為的只是家人孩子的幸福。這樣的人，勤勤懇懇，默默無聞，他們在社會的每一個角落發射

著屬於他們的正能量光芒。他們的生活或許單一，他們或許遠離家鄉，或許他們的人生見識閱歷，就簡單停留在一個很狹小的空間裡，也未曾出外遊山玩水，吟詩作樂。甚至連平日裡看電影的時間和空隙都沒有，可他們依舊快樂，對人生充滿熱情和陽光，因為他們的內心有生的信念，對自己工作的熱情、對家人的責任、對社會的貢獻等讓他們活著的時候充滿著屬於他們的意義。

　　或許有時候出生貧窮是種福分，起碼上帝給你試煉自己的機會，富貴的家庭，有時候也是一種詛咒。人生沒有贏家和輸家，上帝會在最後做出祂的評判。

李世石與谷歌機器人 AlphaGo 的較量中，人工智能似乎在圍棋這個領域，從表面上看已經超越人類。機器人腦中儲存的各種名家棋譜，在不同情況下的種種應對措施，縱使人的記憶力再好，還是無法與機器人衡量。人類比機器人多擁有的是理性，用感性的方案或許可以致勝比如下圈套迷惑機器等，不過機器人就算失敗了，這過程又會被人類做成新的對弈棋譜，記錄在機器人的儲存器中導致最終機器人只會越來越強，就好像蘋果手機由最初的第一代到今天的 6s（寫文章時大約 2015 年左右），就算之前系統有過不少愚蠢的 bug，當下乃至未來的蘋果系統和操作體驗只可能越來越好。機器人也是。所以人類在未來面對的所有恐懼和擔憂中，疾病，天災，人禍等除外，機器人的強大未必不是一個隱患。

小時候看過一本兒童漫畫書。內容是在未來的某一日，人類發明的機器人各方面的設計已經接近完美，無論是思維還是作戰力，有一日他們覺得沒有必要再給愚蠢的人類所操控，就展開了一場面對人類的反擊戰。這本書的內容和結局我已經忘了，可那開頭機器

人反抗的畫面深刻印在我腦海中。科幻漫畫始終是科幻漫畫，機器人在我們當代人可預見的日子裡反攻人類也是幾乎不可能。不過在未來的未來，還是讓人有些許擔慮的。

不過關於人類本身，我一直一直認為，我們人類也是被創造出的機器人。我們是被完美設計的依靠心臟不斷供血可以完成自身循環充電的生物。我們被設計了很多本能，有許多不需要教那些天性就儲存在基因中的本性，人類有很強大的自愈能力，也有很強的自我毀滅能力，最厲害的是我們人類還能自我複製自我繁殖，就算是一個女性被不喜歡的男性侵犯，也會照樣生出孩子因為正常的精子和卵子結合在適當的可孕育環境下就會培育成新生命，這是被寫入程序的既定自然規律，和人類本身的意志無關。

小時候我一直以為靈魂是獨立存在的個體，現在的我覺得就算有靈魂，也需要運用人類的身體，這個柔軟的機器來粘合我們的靈魂來給予它行動的力量，就好比老年癡呆，一旦患上這個老年失憶病，不用去見孟婆這一世的許多轟轟烈烈也就忘記的差不多了，也談不上什麼靈魂的力量了。

就好比人類的前額皮層影響著我們的社交能力和專注力，控制情緒的功能，曾經看過一個報道是一個美國鐵路工人的皮層中的某一部位被損傷，情緒大變，由一個好好先生變成了一個暴躁的人。也看過的新聞類似，一個被誤摘卵巢的婦女也是性情大變。這種本

能性格上的轉變其本質是維護我們靈魂的機器出了問題。我們的機器無法承載我們的靈魂，所以就變成了一台失控的機器人。

　　昆蟲我也覺得都是機器，昆蟲是它們的表象，本質是一台小型偵察機，可以想得美好些，比如逝去的先人化身為小蟲來探望我們，也可以想得離譜一些就是，這是許多台觀察我們人類生活的小型機器，眼睛是牠們的攝像頭，拍死牠們的表象是一個蟲子死去了，實質或許是小型飛機墜落了。

　　我們人類在創造著屬於我們的機器人，或許我們也有我們的創造者，他是誰，暫且稱呼他為上帝好了。

冬念 夏想

八・重來的人生

　　有時候，面對許多全新的人或者事會感覺似曾相似。彷彿有在夢中曾經歷過當前畫面般的熟悉感。

　　此時此刻，腦海中會有一種不切實際的想法。結合現在很流行的橋段就是：我是不是從未來穿越到現代的人？

　　並不是現代穿越到古代，而是從今生末穿越到今生初，目的只是為了彌補這一世所犯下的錯誤。就好像至尊寶的經典名言：「曾經有一份真摯的愛情放在我面前，我沒有珍惜，等失去的時候我才後悔莫及，人世間最痛苦的事莫過於此。如果上天能夠給我一個再來一次的機會，我會對你說：我愛你！如果要我給這份愛，加上一個期限，我希望是⋯⋯一萬年！」比如《我的野蠻女友》中，全智賢的角色一直期待人類可以製造出穿越到過去的機器，回到男友離開她之前的歲月。

　　或許我曾經感動了上天，可以獲得人生重來一次的機會，只是為了糾正當初那漫不經心卻刻骨銘心的錯誤，那對於身邊人的忽視與冷漠。每當假想這是第二次重生的機會，對於身邊那些表面可惡實質愛你的

人就變得無比心軟。告誡自己人生不可以重來，既然重來了，就應該更好的珍惜身邊的人和事。上帝不會一而再再而三的給你機會。每當想到這些自我虛構的情節，內心會湧起溫暖感。放眼望去覺得身邊的人都無比可愛。彷彿自己真的從未來穿越回現代般。無論人生的答案如何，如果哪一天你覺得厭惡了身邊的一切，你也可以試著這樣去想象你的人生，假設這真的是一場重來的人生，眼下的人和事是否就真的這麼糟糕呢？

九 · 矛盾的媽媽

之前去參加一所幼兒園的簡介會，學校校監的一段自己對於自己孩子的思考很讓人值得去深思。

1. 培養小朋友對音樂的欣賞我肯定是會做的，愛上音樂是一件幸福的事。讓他嘗試是一定的，但你要我為了一個 offer 而去學音樂卻又是另一回事。

2. 我希望他可以成功，但更希望他可以經歷失敗。

3. 我希望他是一個領導者，更希望他先學懂做個好的跟隨者。

4. 我希望訓練他的強項，但我更要栽培他的弱項，因為改善弱項是一件吃力不討好的苦差，可能沒人願意做，但有些弱項卻不能忽視。

5. 我希望他開心，但我也希望他經歷克服困難的不開心。

6. 我希望他做自己喜歡的事，但自己不喜歡的事也要做好，因為學懂做該做的事，然而自己又不喜歡的事情就是責任感的開端。

7. 我希望他聽話，但更希望可以讓他做決定。培養責任感的第一步，就是讓他學做決定、學懂作出選擇，然後無論好壞、都要自己承擔後果。

8. 我鼓勵他問為什麼，但世界上有些事情是不問為什麼的。親情不問為什麼，幫助有需要的人不須問為什麼。

9. 我鼓勵他有創意，但我也希望他明白「學會現有的」重要性，不然你怎麼知道你的「idea（意念）」是創新的？

10. 我希望他有主張，但是希望他明白妥協的重要性。我希望他有獨立性，但更要學懂是包容和團體精神。

我希望他快樂。100分的人生不是學業科科考100分、智慧比知識更令人快樂，我非常希望他是一個善良的人，品格、修養及聲譽是一生的。人際關係科和愛情關係科是人生的必修課，過程肯定有不愉快的，但也因為這樣，遇到對的人，才會珍惜。情商高，又懂得珍惜，感恩的人才會快樂。

十 · 走出童話世界

　　有一日，我的好友對我說她和她的男友都覺得我彷彿一直活在童話世界中，聽完後內心覺得有些沮喪，因為感覺這句話內含的潛台詞是：「你社會經驗太少，做人太天真太單純，不適合在社會上打拼，好好在你的安樂窩繼續沈溺吧！」內心又想反駁她其實事實並非如此，然後覺得多說無益也就沒有就這話題繼續談論下去。

　　不久後，從朋友的口中聽說了一個故事。朋友的閨蜜是一位大美女，同時也是一位好妻子，每天會在家做好飯餐準備好水果等先生。可是先生不知是年少貪玩還是不懂珍惜，最後還是背叛了她。在多年後的同學聚會中，有人覺得大美女的心態變老了。美人意味深長地回覆那人：「沒有人不希望活在童話世界裡，可是殘酷的世界卻讓你不得不去脫離這樣的世界。」

　　聽完這個故事，我突然覺得，其實可以活在童話世界中還是幸福的。

冬念 夏想

十一・風水啊風水啊風水啊

身邊許多朋友極度迷信風水，似乎風水師說的每一句話都是真理，風水師說房間風水差，朋友就會立刻搬離，一定要遷入風水師認可的寶地才滿意。我內心尊重風水這一門學問，不過我個人對風水師沒有過多依賴，個人認為風水對生活而言最多是起輔助的作用，是依靠人的布置讓周圍的環境給人內心產生愉悅感從而在生活上處理各種事物時更為順利。

就好像小時候一下雨我就愛剪個小太陽貼在牆上，很快雨就停了，我一直覺得那個貼太陽的行為很有魔性，很有力量，其實根本不是，只是貼個太陽，讓我內心舒服些且有所寄托罷了，雨總是會停的，這是我根本無法改變的客觀規律，只是我以為我的行為改變了它而已，本質還是自己給自己的慰藉。一命二運三風水，風水絕非人生命運的決定者！好朋友告訴我，最好的風水師其實就是你自己，就好像見一個初次認識的朋友，你能感受到對方的氣場，從而產生喜歡或者是不喜歡的感覺。

看一個住宅也是一樣的道理，進去一間居室時，人是心曠神怡抑或是頭暈目眩，內心產生各種無形壓

抑，莫名的緊逼感都會自然而然的湧起，這時候就算沒有風水師在場，因為內心喜歡而產生的平靜感，這間居室對於你來說，風水一定不會太差。且個人認為風水有時候擺得再好，也難逃大區域大環境的影響（當然也可以理解為那個大環境的風水不好），就像在二戰時期，就算在廣島和長崎坐擁最好的風水樓，也無法逃離被原子彈襲擊的命運。說到底，風水真的只是一種加持，而非本質。

之前有在網上看到一段文章，一個人請了風水先生去看風水，在去她家墓地的途中，遠遠看到鳥雀紛飛，於是她告訴風水先生：「咱們回去嗎？這時候鳥雀紛飛，肯定有小孩在樹上摘杏呢。我們去了，驚擾他們事小，失手跌落下來事就大了。」風水先生說：「你這家風水不用看了，幹什麼都會順順當當，因為人間最好的風水是人品！」

懷孕初期，家搬到了位於港島西面的親戚家，作為一個資深網購買家，對於快遞的依賴是不需要去贅述的。

在香港，因為人工相對較貴等原因，從某一年開始，非商業住址的收取和寄送服務都需要額外再收取 30 元港幣。（現價格已修改，寫文章時大約 2014 年左右）

那一個夏日剛入住新屋不久的我在一次接收貨物的時候，遇見了負責這座大樓的快遞小弟。是一位胖胖的，皮膚黝黑的 35-40 歲左右的男子。一回生，二回熟。有一日大概是小弟覺得公司每次額外收取 30 元的制度不合理，偷偷告訴我，以後寄送的地址不要寫太具體的房間號，只要寫 xx 大廈會所馬小姐收，他就知道是我，會幫我送上家，因為會所理論上也算商業工作場所，這樣操作就可以在規章內做事且幫我每次節省 30 元港幣的額外費用。

雖然 30 元港幣的數字不算一筆大錢，但日積月累下來也不是一筆小數目，對這位小弟我是充滿感激的。未來的無數次接收快遞的過程中，他一如既往地有禮貌，不過也沒有多聊，大概說的話就是幾句公式化的對白：

「Hello 馬小姐！」

「你好你好，謝謝謝謝，麻煩你了，太感謝了。」

時間總是飛快過，他每一次來送貨，我的肚子就大一點。直到最後我變成了一個球，又從球變成了洩氣的球。

我的快遞更多了，因為朋友們紛紛送上禮物，時不時他就要來家裡送貨。

有一日，他看到我家裡忙亂的一切時跳過了那公式化的台詞，說了句：「我的女兒也很大了，6-7歲，看著她一點點長大，感覺時間真的很快過。」

嘿，原來，黑黑的快遞小弟也有個幸福的家庭。（其實他年長我不少）

沒過多久，我準備搬家了。走之前我問他加了一個微信，微信的名字是笨小孩。

在無聲無息中我也搬離了原來的住處，自此再也沒有聯繫。

笨小孩就是這個社會中很純粹的一個存在，做好自己的本職工作，擁有一個小小的溫馨家庭。或許他真的如他的名字所描述的有點笨笨的，可這樣的心懷溫存的人一定有屬於他的簡單幸福。人未必是要聰明精明無人可算計才算是強者，在我心中真正的聰明人就是這樣一個簡單的，愛助人為樂的可愛普通人。

笨小孩，祝你一切都好。

十三 · 寫在而立年

在跨入另一個人生時期前，總結自己的變化。

關於旅行：

覺得自己不會花太多精力在未來的十年間看世界。

世界雖然很美好，可終究愧疚感會纏繞內心，不捨得留下孩子一個人獨自去逍遙。帶寶寶出去，自問個人照顧孩子的能力有限，且因為有孩子在旁的限制，激烈刺激的玩樂項目應該是不會去參與了，估計可以參與的也是親子類的玩樂項目。

關於友情：

和以前不同，歲月逐漸讓我明白，君子之交淡如水。好朋友不需要每天親昵無間，但是在一起的時候還是覺得就像在昨天剛揮別後的重聚。而且當下的自己覺得在交友上的興趣變得十分淡薄。一是個人時間少，無閑暇時間去認識新朋友。二是覺得再新的朋友，覺得很難彼此可以坦白相對了。能夠珍惜好過去的朋友我已經覺得很不容易。所以不會對新友誼上有過大的憧憬，順其自然吧。

關於孩子：

當一個女生認真決定生下一個小生命的時候她其實已經決定好去迎接這沒有止境的憂慮。相比於許多媽媽群裡的上進的媽媽們我真的自嘆不如，不過責任感還是在肩頭無法推卸了。這是一條喜憂參半的路，也是人生到了一定的階段不同的經歷，好的煩惱的都要去面對。這樣才是真正的成熟。

關於工作：

回顧過去的十年裡，參與了許多工作，也遇到了許多有趣的人，不過可惜因為工作性質的關係，許多人只是相遇然後就再也無緣再見。很感謝這一路上許多給予幫助和支持的朋友。個人表達感謝的能力比較弱，許多聲謝謝都只會在心裡銘記和默念。希望他人還是感受到在我內心深深的感激。關於未來的工作，順其自然。無論在忙碌什麼事，都不希望事業就此停止而無限享樂，工作帶來的快樂是一種深深的成就感，希望自己一直忙下去。

關於感情：

如果有機會和十幾歲的自己對話會告訴自己，不要去羨慕那些年紀小就拍拖的同學，哈哈！

有些人的出現值得等待：）

關於人與人之間：

小時候很喜歡與人比較，這次考試要考得比誰好。

到了現在會覺得，人與人之間沒有互相比較的意義。

許多人比較的起點就不同，就好像讓獵豹和螞蟻一起比賽跳遠，螞蟻再努力也是徒勞。

好像大學裡同樣是考試前的臨陣磨槍，有的同學就是過目不忘記憶功能強，看一晚書第二日就可以全盤托出答對所有題。我就是那種再努力也無法立刻消化和牢記知識的學生，彼此沒有可比性。和同學比較成績，和同事工作比業績，和朋友拼人生。可許多人的基礎就不同，從最初的基因構造到後期的機遇發展，人與人之間差異實在是太大，還是覺得超越昨天的自己比較理性化，人也容易活得比較快樂。

冬念 夏想

小時候媽媽常愛和我開玩笑，你那麼調皮，早知就不生你出來了。這時候，我覺得自己的回答更惡劣。我一直回覆她：「我又不想出來，你幹嘛把我生出來？」（帶幾分真情）

每個人的出生都無法經過自己的選擇。不過長大後，我會從另外一面去想，或許在來到這個世間前，是我的靈魂作出的這一項決定。每一個母親是一個渠道，一個幫助靈魂來到世間的中間人。

人的靈魂離開軀殼會不會更自由？

如果真的是這樣，我們為什麼需要這樣一副身軀來困住它？

我粗略的想了一個安慰自己的答案。

靈魂的修行需要一個載體，我們的身體就是賦予靈魂修煉的最佳載體。而且很公平，因為人的肉體在自然環境下生活時間有限。短期修行的時間無人可以事先預料，但是長期最多也有個限度。最多一百多年，靈魂就必須面臨和身體脫離的狀況。靈魂有否成長，要看這段捆綁的時間內靈魂是否有借助肉體的力量在

人世間進行修行。身體是個沈重的軀殼，無法自由飛翔也無法盡情游水。看似強大，對比整個宇宙卻又很脆弱，但它是我們靈魂成長的載體。人類需要面對的各項挑戰比其他動物來得更複雜。活著的人會為逝去的人而感到哀傷，可活著的人是無法體會靈魂逝去肉體後的真實感受，或許離開了這運作多年的機體，自由的靈魂重獲灑脫，反而會擔心還在軀殼中渾渾噩噩的你和我。

陷入胡思亂想的我誠懇地告誡自己：「珍惜每一個生命中的挑戰，別浪費了好不容易結合的靈魂和肉體。」

十五．且呼吸且珍惜

這些年，看過意外造成的新聞還真不少，已唏噓到麻木。

很久以前，有個上海朋友和我說，他覺得位於上海七浦路的一座橋隨時都會倒塌。我覺得他患有被害妄想症。現在想想，生活中類似死神來了的事確實是令人感到匪夷所思的。

有一年有一個男生從家鄉來港探望親友，結果在親友樓下走路時被跳樓自殺的女子壓倒，莫名做了陪葬，好好年華和前途被立刻斷送。

有一名警司在開車的時候，被一塊直飛插入擋風玻璃的異物砸中，當場斃命。

有一個年輕的男生叫阿傑和兩位友人傍晚走在旺角的鬧市街頭。在那一棟又一棟緊貼的高樓大廈中，有一個精神有問題的人把一張椅子從高空扔下，正好砸到了這位無辜的年輕人。新聞的視頻中，只看到友人一直在喊阿傑的名字，無妄之災。

香港最高的大廈 ICC 在竣工前，6 名清潔工人在清理升降機工作台上的垃圾時，承建商沒有派合資格人士評估風險。工作台不堪負荷倒塌，6 人全部傷重不治。

冬念 夏想

現在站在 ICC 大廈的觀景層，望出去一片香江美景。可是這 6 個人這一生就此謝幕。

一個在酒吧做公關的 26 歲女經理，凌晨收工時在尖沙嘴彌敦道上行走，準備坐巴士回家，結果一架雙層巴士莫名其妙開上人行道，女經理被捲入車底。司機的口供說，那一刻感覺頭一暈失去知覺才至此，一顆年輕生命就此消殞，責怪誰都無法挽回這心碎的結果。

不多久前，就在銅鑼灣崇光百貨門口，一輛 taxi 莫名其妙衝上人行道，撞飛了幾個行人，好在速度不快，路人傷勢不重，翻看那一刻的視頻讓人心驚膽顫，在這人氣最旺的商業地點，一輛車，莫名其妙衝來，司機一下車，居然第一時間看自己的車有沒有損傷，不知是情急下害怕手足無措還是深深的自私了。

也就是前幾日，有個女生走在銅鑼灣的街頭，一個搭棚工人不小心失足墜樓，壓倒了路過的女路人，兩個人至今都沒有脫離危險期。

也就是今天，港鐵荃灣西站上的一個樓盤還在施工，一個路人路過，被一條竹條擊斃。

人生太多意外無法避免，哪怕你做人再小心，似乎人生也不是全部由你來把握。

平安是福。

深呼吸。

十六 · 生命中神奇的遇見

　　有個朋友，我沒見過她真人，和她平時也甚少聯絡，但是在社交網絡上一直添加關注著對方，從未放棄過彼此。

　　最初的遇見，是在我大學二年級左右，那時還是寫博客的年代，在博客網路上會有一些陌生的朋友來留言。那時，我看到一條留言，內容是留言者前幾日來上海旅行，在拍風景照的時候把我攝入了她的鏡頭中。在留言中她問我有沒有 email，她想把相片傳送給我。

　　我看到後內心覺得留言內容不可信，上海茫茫幾千萬人，有沒有這麼巧？心想不會是騙子或者變態吧。不過出於好奇心的驅使，我回覆了自己的郵箱地址，帶著些許僥幸的心理。

　　不出幾日，我收到了那張風景照，讓我驚訝的是，我真的存在在這張照片裡，照片中有我還有我的大學同學，那一天，我們正好在位於上海南京東路附近的新世界商城附近路過。照片中的我們不知在聊什麼有趣的話題，彼此放肆的笑著。

冬念　夏想

讓我驚訝的不僅僅是這件事極小的發生機率，而是如果這張照片的比例是 100%，我和我朋友在這張圖片中所佔據的比例大概是 10%，是在左上角的很小的一個角落出現的人物，如果這是一部電影中的一幕畫面，那我們就是徹底的群眾演員，完全是個路人甲乙的角色，這樣的自己也可以在博客被一位讀者拍攝到，我至今都覺得很神奇。

　　陰差陽錯後，我去到了那個女生自己的博客世界裡，感覺她是個很愛生活的女孩子（雖然很多看到的內容我都模糊了），後來才知道原來她有屬於自己的小事業——製作手工襪子娃娃，用一針一線製作的工藝品，每個娃娃需要耗時 2-3 個小時才能完成。這位女生很客氣，沒多久後寄送了一個充滿正能量的手工製作兔子娃娃給我，我給那隻兔子起了一個正能量的名字叫 Hope，雖然沒有見過面，不過我一直認為彼此的相識是一場很美麗的遇見。

　　這些年從博客、msn、到微博、再到微信，彼此從未失去聯絡，即使是曾經的同學和朋友，在社交網絡上沒有繼續連接彼此的關係也很普遍。可與她這些年從未斷過連接，雖然基本零溝通。也是很神奇。從她的社交網絡中的圖片看得出，她是一個很愛拍照的女生，是一個很愛生活的人，應該也是個很細心的女子，否則也沒有耐心花很久的時間來製作襪子娃娃。她留著短髮，愛挑染鮮豔的彩色。愛拍照也愛寫感想。那些拍到自己的照片，不是那種傳統女生喜歡的正面自

拍照，而是另一種存在感，感覺她更像一個藝術家。一個愛旅行的女子，很明顯，從我們相識的時候緣於一張風景照也可猜測到吧。

　　有一日，刷朋友圈的間隙看到她更新狀態，她的坐標定位在英國，搭配著當地的景色她留言說會駐留 3 個月。我想她那刻不安分的心靈又掀起了她這一段旅程吧。之後我和她微信聊了起來，具體內容我已經模糊，我好像客氣的問了她再準備去哪些地方旅行或是什麼和運動有關的話題。她禮貌的回覆了我，外加一句：「Mimmy 這麼多年你難道不知道我一直都是坐輪

椅的嗎？」我聽了後頓時有些不知所措，仔細回想下曾經看過的圖，確實完全不記得她有真正的全身照。可完全窺探不到文字和圖片後的她原來是無法行走的。她也從未和我說過，愚鈍的我也感覺不出圖片中的任何異樣，況且她是如此的愛旅行，對生活充滿著愛和正能量，在生命中充斥著太多無痛呻吟人的圖和文字下感覺不到她發出的一絲消極。

　　之後的我們又像往常一樣，彼此過著彼此的生活，在彼此朋友圈的世界用自己方式展示生活中的喜怒哀樂。即使我們可能永遠都無法真正的遇見，她也是我人生中遇到的正能量，化為力量駐紮在我的心中。實時告誡我自己，生活的美好。

　　感謝這神奇的遇見。

桑迪的家在中國中部，家中有 3 個姐妹。她排名老二。有一種說法是排名中間的小孩通常不那麼受家裡重視，她自己也是這麼說的。她一直說她在三姐妹中最沒福氣，背井離鄉，來到遠離湖南的香港打拼，姐姐和妹妹在自己的家當地嫁得不錯，生活相對愜意悠閒。她是最苦的那個了。

桑迪屬兔，她說她把八字拿給算命大師看，大師說這個命格的人應該已不存在這個世界上。桑迪有兩個小孩，湊成了一個好字。不過兩個孩子出自兩個父親。追溯到最初，桑迪為何離開她的家鄉，據說有個男人為了要和她在一起，整日要死要活，以死相逼，桑迪實在覺得對方逼的行徑接近癲狂，在一個月黑風高的夜晚，她離開了這座養育她的城市，南下到了東莞工作。

在東莞剛開始的時候她在一個盲人按摩師的店鋪工作，師傅免費傳授技藝，不過規定必須工作滿兩年，每個月只有固定的零用錢，真正的工資要在兩年或之後一次性取出。許多人中途都放棄了，桑迪卻沒有。工作最順風順水的時候她在當地開了間屬於自己的美容院。

　　她的第一任老公據說是個長相高大帥氣的男人。在生完一個女兒後，一家人過著簡單的日子。幸福有時來的突然，抽離的時候也很猛烈。那一年 SARS 恐慌彌漫全國。在還未大面積傳播前，她的先生因為腸胃不適去醫院看病。結果莫名被一個 SARS 病人感染，由於發病的速度快，沒多久，她先生就走了。留下了她們母女二人不得不堅強面對這個仍在繼續運作的世界。

　　人生，人算不如天算，許多痛苦來得無法用理性去抵抗。

　　我認識桑迪的時候她的兒子也已經很大。她的痛苦從不寫在臉上，在她的談吐和神色中，你感受不到她曾經經歷過的痛楚。設身處地的想一想，那種經歷砸到誰頭上都會接近崩潰。桑迪覺得過去了就過去了，那也是所謂的命。後來第二任先生也是隱約聽說一直開車在她東莞工作的店鋪等她，那份誠意感動了她，她也順其自然的嫁來了香港，第二個兒子也伴隨著這份感情而生。雖然桑迪經歷人生中的黑暗期，上天卻沒有把這個弱女子毀滅。她的第二任先生對她非常好，對她的女兒也視如己出。桑迪也開始在這座喧鬧的城市中為了更好的生存而打滾。

　　桑迪在香港的職業是一位按摩師，她神奇的來了 3 個月就把廣東話學會了，日積月累下，擁有一門好手藝的她也漸漸累積了一群熟客。為了一兒一女更好的生活，她不怕工作對於體力的消耗，工作到凌晨也是常有的事。她融入了這座城市的工作節奏，她為了自

己兒女更好的生活而燃燒著自己，只期冀他們可以擁有比她更好的未來。

由於公司位於繁華位置收費不低，桑迪每個行業的客人都有。客人們的私生活也是可以窺探的。今日誰誰誰帶太太來，明天又帶了第二個女子來。某某前女子組合女星在她星二代男友前撒嬌扮可愛，在她面前又是另一張嘴臉，她都看在眼裡，笑笑而已，客人傾訴，她用心傾聽，客人似有似無的提問，她也會給予真心的意見，從不主動八卦，做好自己該做的。

工作中受氣也是常有的事，她受不了城中的一個女星，公司常安排師傅上女星家去上門按摩。女星永遠是讓她或者其他師傅坐在廚房等她，且一等就是好久。她覺得這樣非常不受尊重，於是找藉口推託避免去到這位女星家工作，哪怕是有高昂的小費，桑迪還是覺得尊嚴更重要些。

桑迪愛她的工作，愛她那些友好的客人們。

桑迪很多年才回自己的家鄉一次，雖然是三姐妹中經濟條件最差的，桑迪還是用自己的積蓄幫父母在當地買了套房子。姐姐嫁給了當地的官員，過著衣食無憂的日子。妹妹也是工作、家庭一切安穩，桑迪和她先生到訪時姐妹們也會悉心接待，桑迪的老公也會在偶爾感嘆其實在這裡生活也不錯。不過最後他們還是回到這座忙碌的城市，這座無靠山就要灑汗水去追尋美好生活的城市。前些年，政府給她家派到了位於

港島的一個公屋。她感恩了很久。找人設計裝修，家再怎麼小，一家人在一起就是溫暖。

桑迪覺得自己已經是個廣東女人了。

她是這座城市中靠著自己雙手和汗水給予自己家庭孩子們一份溫暖生活的人。

在這座浮躁、貧富懸殊嚴重的城市裡，她是值得尊敬的。

從小被灌輸許多知識，走了很多路後，最認可的教條是「一分耕耘一分收穫」（NO PAIN NO GAIN）。這最原始的農民都懂的道理卻是人生中最簡單務實的真理。即使現代許多人愛走捷徑，期待小付出便有大回報。即使生活中一直會出現類似一個女人愛上了城中頂級富豪，富豪自感身體不適分了大部分身家給她，導致她成為超級女富豪等的新聞不斷出現，不斷變相宣傳走捷徑所帶來的一勞永逸感。

不過我個人還是認為踏實做人是最可靠的一種獲得身心平衡的路徑。就像作用力和反作用力一樣。個人認為當我們釋放多少能量，地球會回報同樣的能量。有些付出即使不是立刻可以看到回報，相信一定好過沒有去努力，且有些回報只是來得比較晚罷了。好比去幫助一個未必會感恩的人，其實對方懂不懂感恩不是行動的出發點，自己從助人的過程中收穫的滿足感已經給體內注入正能量。

有些付出表面上看來是毀滅性的，比如拿母乳這個事情來說，即使過程有些不唯美，對於女性的胸形也是毀滅性的摧毀。可是其實母乳餵養可以帶來的益處是非常大的，不論是對孩子還是對自己（e.g. 平均每哺乳一年母乳可減低 4.3% 患乳癌的風險，還有卵巢癌等癌症的發病率也會同比下降）。

在親情方面，和小朋友建立關係也是需要一份耕耘的，如果把扶養孩子的責任全部托付給工人姐姐、阿姨或長輩，母親和孩子彼此的親密感一定會相對於親力親為的媽咪和寶寶間生疏許多。

在健康方面，許多人每天用 10 分鐘的時間來運動也覺得是浪費時間，其實運動給予身體的回報是非常可觀的，增強體質、樹立自信、美化體型、幫助正面思考、做事專注度提高。這麼好的投資回報不應該拒絕。在感情方面，如果整日邋遢自暴自棄，一定和愛把自己打扮乾淨的女生比競爭力弱了很多。

在付出的同時，個人感覺無須養成愛同他人比較的習慣，每個人的基數不同。生活本身就有著許多不公平。比如同樣的付出，有些小孩讀書成績就是不同，這個背後可能有天生父母遺傳的基因差異，或者是別人的父母有條件為小孩請家教等等原因。

出社會後，許多家庭有各種背景的孩子相對更容易佔據有利的工作優勢找到比較滿意的工作，種種內幕外人根本看不透，千萬不能責怪自己不夠優秀，只能更加努力去改善自身，堅信金子總會發亮。與其和他人橫向比較，還是把精力放在與今天的自己較勁，看是否比昨天更努力，只有今天的自己比昨天更優秀，自己慢慢變成一個很好的人，內心踏實的感覺是和他人比較所難以獲取的，做最好的自己，天無絕人之路，努力的人，個人價值遲早會有展現的土壤。

努力吧！

十九 · 可以隨時發作公主病是一種幸運

雖然有許多人依然感到當下的傳統束縛著自由，但和過去比還是進步了許多。

如果生在傳統舊社會，女性在家庭和社會中的地位相對較低，那時即使一個女性擁有獨立自主的女權思想，也很難改變些什麼。家庭的壓力、身邊的環境，都會影響一個人的生活狀態。在所有的人都追尋著一種生活狀態的時候，如每個女孩都必須裹小腳的時期，因為人們存有大腳會影響女性婚姻的封建無稽思想，反抗就成為了一種力抗千軍的無力行為。畢竟古代婚姻是絕大部分女性繼續體面生活下去的唯一出路。沒有人會去支持和理解。如果在大環境下你選擇不裹腳，社會只會覺得你是一個怪人，不會認同你是一個獨立自主反對傳統封建禮教的勇者。

如果一個地方的風氣是大男子當道，女性處於無法與男性同坐一張餐桌吃飯的地位。許多女性只能默默的接受這樣的風氣。乖乖聽話，不敢反抗。想到這裡，我真的很慶幸起碼當下的生活環境可以由我任性發揮，想怎樣無理就怎樣，換在舊時代，大概早就被休了，或者被婆婆趕出家門了。何況曾經婚姻的選擇

權多數掌握在父母手上，女性基本沒有挑選另一半的自由，想到這裡還是會感嘆現在這份隨時可以發作的任性是如此可貴。

自在的當下，是無數女權份子默默付出，為後人前赴後繼竭力爭取來的。多少前人為女性的獨立在前方開荒與犧牲。一直覺得張愛玲的媽媽黃逸梵勇氣甚足，生完張愛玲和兒子後，毅然離開了沈迷鴉片與女人的老公，留洋去了，甚至丟下了自己的兒女不顧，情願客死異鄉也堅決不回歸舊式婚姻。不去評論這樣行為的對於錯。民國一代人曾經在中西碰撞的年代為了愛情的自由，奮鬥了許久。那時候受五四運動與西方思想衝擊的年輕人為了尋覓真愛與自由做出的種種破格行為，現在看來依然好勇敢。即使那種勇敢帶著些許殘忍。

現代的女性，即使不結婚，一樣可以活出人生的精彩，一樣可以通過科技手段擁有屬於自己的孩子，婚姻遲早會轉變為一個成人的選擇，而不是人生的必需品。

我們每天都站在巨人的肩膀，蒙受前人的付出所帶來的自由。現在所享受的自由不是理所當然的，覺得自己很了不起，想發脾氣就發脾氣？覺得自己是女王可以隨意無理取鬧？完全不是，只是在前人的努力下我們擁有了更多自主自我的權利。這一份任性的自由是可貴的，不是天生被賜予的。

二十・為什麼這樣?!

之前在社交網絡上看到朋友發了一條內容，她的朋友在旺角新開了一間飲品店，主打可以用自己喜歡的任何一張圖片作為奶蓋表面的飲料。作為一個愛打卡人士我立刻記下了這間店，不久就去到位於旺角的店鋪，在店鋪前選了一張自己喜歡的自拍照，經過一台機器的運作下，我的樣子漸漸浮在抹茶奶綠的表面，效果令人滿意，在喝下這杯飲品前趕緊自拍了一張算是打卡成功。

因為店主是朋友的朋友，所以輕鬆的聊了幾句。店主是一個年輕的男生，耐心和我介紹他們和坊間同樣概念的飲品店有何不同，最主要的特色是他們的奶泡面非常厚實，和其他店的稀疏口感不同，所以在口味上也會更香濃。（具體技術我不懂大致是這個意思）還有在其他非奶泡類飲品上，他們也有在口味上下功夫，以免客人打完卡拍完照後就不會再度光臨。店主對這間店傾注的心思和誠懇溢於言表，年輕的他眼神中散放著充滿希望的光芒，可離開的時候我還是有點擔心這間店的命運，因為捫心自問，我知道自己體驗過這份技術後（也可以說打完卡後），應該不會再特

意跑來繼續支持，但是還是祝福店主生意興隆，隨後就揚長而去。

那時候，我已經懷二胎了，但是，在寶寶還沒有誕生下之前，已經聽說這家店不在了，這消息使我非常詫異。生完寶寶後，朋友來看我，正好聊起這件事，我問她為什麼朋友的店這麼快就結業，她告訴了我一個略帶傷感的故事。原來這位店主本身是一位在五星級酒店做西餐的廚師，和兩個富二代朋友合資開了這間飲品店，做了3個月就每人虧了30萬，對於那些富二代來說，30萬只是一筆小數，可是對於這位男生，已經是全部積蓄。兩位富二代在約朋友狂歡時，他默默在打理整間店。富二代們在遊艇上逍遙時，他在默默打理整間店。富二代從不理店鋪，他一直堅守在店裡。3個月後，富二代看不怎麼賺錢任性說不玩了便撤資關門，可憐的人兒就數他了，這位對創業有熱情和追求的年輕人。

朋友告訴我，雖然店鋪已關，但這位男生還是保有正能量，沒有氣餒，在另一家五星級酒店又做回原來的本行——廚師。然後她又告訴我了一個更悲傷的故事。

原來這位男生在之前做西餐廚師的時候和餐廳公關本來已經準備結婚，和這位未婚妻開了一個聯名賬戶，每個月都會把工資轉到賬戶中為了未來結婚做儲備金。結果，和未婚妻都拍好了結婚照，妻子最後卻

選擇和他的上司在一起了。上司在香港的居住條件好過這位男生，或許這是現實社會女生選擇另一半很現實的一個考慮條件。這位男生沒有立刻辭職，也沒有拿廚師常拿在手上的刀去劈這位上司，而是還是盡本分的繼續做好自己的本職。有看不過眼的朋友問他你為什麼不辭職要忍受這般環境。他說，我還有家人要撫養，不能因為一時負氣而辭職。（聽到此刻，我心想，哎，真是個孝子。）沒多久，攝影公司打電話給他催促他去拿和前女友一起拍的婚紗照，換了其他人，肯定也不去拿了。他還是去拿了，說就當留作紀念吧。（聽到這裡，一聲嘆氣。）

雖然我和那個男生完全不熟，聽了他的一小段故事，還會有些感觸，希望他未來一切都好。

冬念
夏想

二十一・感情的共同進步

歲數爬上 3 字頭，身邊許多朋友的感情關係的轉變是少女時期的我無法想像的。

許多走進婚姻的女生們因為婚姻中男方和女方進步節奏不一致而出現種種矛盾。

一位在婚姻關係中的女生朋友，和另一半原來是高中就在一起的校園戀人，能持續到彼此踏入婚姻殿堂真心不容易。彼此的原生家庭的經濟實力都算不錯，也算是門當戶對的一個結合。婚後的她依然事業心滿滿，一直很努力在事業上尋求突破。男生就一直停留在求安穩的狀態，在事業心上和太太相比有很大的距離，喜愛把每天的時間沈溺在無窮無盡的電子遊戲中。

時間久了，雙方的矛盾就開始越來越深，女生覺得男生不思進取，18 歲的彼此可以接受這樣的狀態，但是已經是而立之年，男生這樣的狀態令女生覺得無法接受，彼此對人生的追求產生了很大的分歧，女生朋友為此也很是苦惱。雖然我不知道他們未來的發展會如何，不過我個人認為一定有人需要做出改變才能挽回這份這麼多年珍貴的感情。

冬念 夏想

還有一位女生朋友我個人不認識她，不過彼此有共同的朋友，知道她也是一位工作能力很強且充滿魅力的漂亮女生，有一個的可愛女兒，事業也很成功。沒多久前我知道她和她老公分開了，女方提出分手，離婚理由朋友告訴我是因為女生覺得男人太沒用，她認為有這位老公的存在只有阻礙她的人生的高速進展，放著沒用，不如不要了。

　　第三個朋友她的情況又有些不同，他們也是從大學年間就在一起的校園婚姻，她是當時每個男生心中的女神，男生是個屌絲（類似「廢青」、「毒男」），徹底的屌絲。屌絲也是有幸運女神眷顧的，不喜歡花心男的女神最後選擇了他，覺得他看著非常可靠，很給人安全感就和屌絲男結合，一畢業就生小孩結婚的她一直備受屌絲男仰望的眼神。

　　直到今日，她在工作上還有外貌上依然是眾人的女神，可是屌絲男也仍然是個社會混混不願工作生活以吃喝玩樂為主。屌絲男心中的自卑或許無處釋放，他選擇了出軌，在一個月黑風高的夜晚，他和那個一直崇拜他的已婚少婦走在了一起。瞞了我朋友很久，當我朋友知道的時候傷心欲絕。曾經以為最老實最有安全感的他還是背叛了自己。他或許在婚姻中低卑慣了，一個仰望他的眼神足以讓他蠢蠢欲動，我很心疼我的朋友。

很久以前大概在我還沒結婚的時候，我的一個朋友告訴我一個她所認同的真理：「一段感情要長久的話，男人需要有被仰慕的感覺，女人要給他需要有想要照顧疼愛的感覺。」是否是真理就要仁者見仁智者見智了。

Ryan Gosling 做男主角的《Blue Valentine》中，男女主角相遇時愛得轟轟烈烈，那時彼此都認為找到了幸福合拍的另一半，瘋狂的愛情也敵不過多年後，對於生活不同追求的彼此走向陌路。男人安於有妻有女的平淡生活不求進步，女生在事業上卻渴望更大的發展，6 年後，彼此已無共同語言。曾經激情的戀愛最終化為破碎的離別，在最後結尾看著 Gosling 在黃昏時刻煙花的背景下和女兒告別獨自離去的孤獨鏡頭，看得我都為他心碎。他沒有錯，他真的沒有做錯什麼。

用一段朋友和我說的話結尾吧：天長地久的愛情和婚姻，都是建立在勢均力敵上的，維繫一段婚姻最強有力的枷鎖是共同前進。

冬念夏想

二十二 · 曾經努力過

　　2014 年，那一年住在西環，新聞介紹了一間位於家附近高街上的新餐廳，雖然餐廳新開張，不過這間餐廳本身具有悠長的歷史，原先的地址位於香港大學旁，有許多老客人長期支持。因為租約到期才搬遷到這裡。

　　餐廳主打的菜系是俄羅斯菜，看了新聞後的某日午後我去到餐廳，發現餐廳門前大排長龍。許多人爭先恐後想要來一試這間新開的老字號餐廳。我也嘗了新鮮，喝了一碗香濃的羅宋湯，那香濃入魂的美味讓我對這間餐廳念念不忘，一個戴眼鏡的瘦高男子忙活記錄著每一位預約電話和分配桌位，新聞中也出現過他是店鋪的老闆。不過因為每一次都需要排隊和預約，耐心欠佳的我去這間餐廳的頻率就慢慢降低。

　　2017 年，我已經搬家到九龍，因為懶，鮮有去港島進餐。因為懷孕末期的一次偶爾路過，在某日中午又去到了高街的這間餐廳用餐，吃了葡國雞和羅宋湯，搭配脆香可口的蒜蓉包，配了一杯香濃的奶茶，那一頓午餐令我久久回味，我又遇見到了那位身形瘦高的老闆，他建議我加他們餐廳

Facebook 主頁並給予點讚，如果分享用餐體驗下次去可以贈送小食一份，我欣然做了。之後，每隔 1-2 周我都會特意過海，去這間餐廳用餐。閒來無事和老闆也聊過幾句，老闆告訴我他們家的許多事，從如何創業到他和他大哥如何為了這間餐廳而反面，他是怎樣結束自己婚姻自己一個人生活等等。他充滿信心告訴我很快又要續約，他們會繼續續約，我也表示會一直來支持。在小女兒出生的前一週我都有去支持他的餐廳。

2017 年，在做完月子後的 1-2 個月，我看到之前添加的這一間餐廳發出一篇內容，是這位瘦高老闆發出來的，內容是他在餐廳門前的一張獨照，還點了一支煙擺了一個還算不錯的 pose，文字是今天是餐廳最後一日營業，謝謝各位客人這些年的支持。看到我懵了，一切發生得太快完全沒有預兆，早知道就應該在結業前再去支持一次，我感覺心中充滿遺憾，和所有留言的人一樣，只能默默留言一句，希望有機會未來餐廳再開的時候通知我。隨後我思考下覺得應該還是業主加租太狠，這些年，太多喜歡的店鋪被昂貴的租金所扼殺，雖然無奈但是現實就是很殘酷。

我以為一切已經告一段落，當我漸漸遺忘這間餐廳時，某一日，我和朋友們約在銅鑼灣的 COVA 喝咖啡，我坐下後，看到一位穿著白色西裝高高瘦瘦的戴眼鏡的服務生很眼熟，仔細一看，才發現，原來就是那間位於高街的餐廳老闆。我揮揮手和他打了一個招呼，他似乎已經不記得我了。我和他表示自己是他餐

廳當年的客人，他笑笑。我禮貌問他你的餐廳還會再開嗎？他明確表示不會了。我只能以遺憾來結束這段談話順便麻煩他幫我點一杯拿鐵，以「做人開心最重要」結束了我們彼此的對話，他的身影就在我和朋友的聊天中慢慢淡去。

　　人生重要的是經歷過什麼而不是現在具體在做什麼。我想現在的他是快樂的，起碼活得無憂無慮，不用再去擔憂什麼了。

冬念　夏想

二十三・5000 萬的愛情

17 年 11 月初，我和先生結婚紀念日的例行慶祝晚餐，在最愛的餐廳 Amber，老夫老妻的我們從一入餐廳坐下開始就各自拿著手機，在每一道餐吃完的間隙彼此就各自進入自己的網絡世界。

在酒杯觥籌交錯和滑動手機的恍惚間，我留意到我們身邊來了一對顏值非常高的年輕男女。（感覺在 23-25 的年紀）雖然我是近視眼，不過還是能夠靠天生的直覺感受到俊男靚女所發散的光芒。男生穿了件波點圖案的襯衫，最上面一粒鈕扣沒扣，領口微開，算是白淨的本地香港男生。不過那種白和對面的女生的肌膚相比還是遜色的。對面女生一頭淺褐色披肩的長髮，透白的肌膚搭配著精緻的五官，在黑色的大衣的襯托下顯得非常精緻。靈動的眼神轉來轉去，一看就是一個精靈的女孩子。女孩說著國語，男生遷就她也用國語回應。他們一坐下就開始聊自己的共同朋友們，從 A 說到 B，B 又說到 C，無聊的我猜測他們是國外一起唸書久別重逢再相聚的同學。

每當 waiter 上來幫他們點菜或者講解每一道菜如何烹製的時候，男生都會囑咐對方必須說國語來遷就女

冬念 夏想

生的語境。聊著聊著，從女生爽朗的一次又一次的笑聲中，我好像感覺到了一些曖昧的情緒。雖然我沒仔細聽內容，但是用一種本能感覺到了他們彼此間的好感。有時，男女在一起前的曖昧階段是彼此最歡愉的時刻（因為彼此有所期待）。作為已經步入老夫老妻狀態的我心生羨慕，心裡唸著年輕真好戀愛真好這樣無聊的念想。男生點了隻好酒兩人一杯又一杯喝得不停歇，酒被灌入肚腸間，彼此間的好感越發明顯。雙方開始聊起了結婚的話題（那麼快？）。

在融洽的氣氛下，不知不覺晚餐進入了尾聲，老公去了洗手間。剩下我一個人靜窺隔壁荷爾蒙四溢的青年男女，沈浸在年輕真好，戀愛太快樂情緒中的我，突然聽到了一句從男生口中吐出的非常清晰的一句肯定句。男生說：「如果我們真的在一起，就算我們最後沒有結婚，我也會給你，五（同時舉起手指做出五的手勢）。」

5000萬？女生用接近尖叫但是因為環境原因可刻意壓低了自己的聲線，不可思議的問是不是這個數字？男生看著她嚴肅地緩慢地點了點頭。女生大呼：「不會吧這麼多！」坐在邊上的我聽完這段對話驚呆了。什麼純真的愛情，你儂我儂的快樂，少男少女的純純戀愛，被這充滿數字化的對話給擊醒了。作為唯一聽到這句對白的我僵坐在位子上，默默讓自己冷靜下來接受現實。如果說這話的是一個爺爺或者叔叔輩的人我反而不會覺得奇怪，可他們還那麼年輕……

吃完不久我們先離開了餐廳，在路上我和老公講述了這段細節。他覺得這個女生給人感覺非常醒目，應該不會這麼輕易就被誘惑。（原來他也有間歇性留意，還發現這個女生打了個電話，電話中在說上海話這個細節）走了沒多久，一孕傻三年的我發現錢包忘在餐廳，匆匆跑回餐廳尋覓，結果在離開的時候，在餐廳所在的酒店的 lobby 處，我又撞見了他們。此刻的他們已經甜蜜的擁抱在了一起左右搖擺。我想或許是邪惡的姐姐我想多了，現在年輕人的愛情或許就是這樣的，作為陌生的人還是希望他們有情人終成眷屬。

冬念 夏想

二十四 · 教學相長

　　小孩往往是大人的迷你版，陪女兒去上音樂興趣班的時候老師說到她的不足之處時，提到她是一個對自己要求較低的人，如果沒有小朋友與她比較，她就會相對鬆懈地去做每一件事。但是一旦有小朋友做得比她做的好，她就會再下一次聽音樂的時候用心去聆聽每一個音符再來回答問題。

　　我聽了後好感慨，老師口中的女兒不就是我麼？我不就是一個對自己無紀律無要求的人？羞愧之餘只能對著老師默默點頭表示理解。

　　陪小朋友去上德育教育為主題的課程。學習主題是一些有正能量的品德比如友誼，團體合作，愛心，包容心等，捫心自問作為家長的我都覺得做得欠佳。

　　腦海中想到了一個偶爾自私，獨來獨往，時而狹隘的人，陪小孩去一次覺得羞愧一次，也無法偷師，只能一次又一次寬慰自己算了算了，別想太多了，心底知道作為成年人的自己不足之處還有太多。

　　有一次聽電台中的一位歌手提起，她很理解自己父母在教育上的一些不足，因為每一個父母都是人生第一次做父母，他們沒有經驗，所以她願意理解父母

的一些不足。希望我的孩子未來也可以寬慰我的不足。在提倡終身教育的今日，只能獨自默默繼續學習修復自身做得不足的地方。

以前教學相長對於我來說是一個很表面性的詞語，在生活中甚少需要在學術或品德操行上教育他人的時候。當自己開始教育孩子的時候，才發現，即使是一些很簡單的內容，再學習一次也可以給自己帶來進步。孩子的快速學習力如海綿一般吸收，前幾日和女兒看書的時候，看到一個單詞叫 whisker（英語能力欠佳的我不認識這個單詞），我和女兒說，等等媽媽查一下字典先，結果女兒指著圖片中貓咪的鬍子對我說，媽媽，是這個意思。隨後我翻查字典後發現答案真的就是鬍鬚，內心感嘆自己英文水準不濟的同時也有一份驚喜，其實 4 歲的女兒也可以成為我的老師。

放下母親的身段，像一個孩子一樣，堅持努力，終身學習，做更好的自己。

二十五 · 好奇害死貓

女兒參加了一個合唱團的課程，一堂課有 4 個同齡女孩子。母親們在等小孩放學的時候總免不了彼此寒暄一番，問候下彼此的小孩平時參加什麼補習課程，在什麼學校上學等等無關痛癢的訊息。

有一位同學的母親，看著比我大幾歲，留著微捲的短髮，帶著一副眼鏡，背著愛馬仕的休閑款包，從外型看像是做到管理層級別的精英人士，一臉認真的樣子，相對於我這種比較大條的媽咪來說，她做事非常的細致，比如小孩有沒有喝過水，課室內的溫度會不會太低，老師對小孩的態度，每一個細節她都非常在意。應該是一位事業心很強的女性，太注重打拼所以遲了幾年要小孩吧，我無聊地幻想到。大家在一陣簡單的談話後，她無意透露了一個訊息，原來她還有一個女兒，今年已經 16-7 歲了，這一個訊息引起了我的好奇。

為什麼兩個小孩年齡差距這麼大？是意外懷孕？還是第一個小孩已經長大有自己的朋友圈，她感覺自己被忽略所以再追一個孩子來陪伴自己？還是想要追一個兒子所以最後努力一把？空虛寂寞的我腦海中已經拼接組合多種可能性。

冬念 夏想

當我們的孩子們進入課室的時候，我有時會下樓買些零食或者買杯飲料，下電梯的時候，我遇見了這位媽咪，在狹小的空間裡，即使我們站在對角的位置，可還是可以感受到彼此，我忍受不了這幾秒下沈中的寂靜，我開口提問到：「Hi，xx 媽咪，你為什麼會過十幾年還有勇氣再生一個孩子啊？」我心中期待的回答大概是，因為喜歡小孩，想再要一個小棉襖，或是我之前腦海中組合的那些答案。

她笑笑，以轉移到其他話題的方式結束了我的採訪。

又一個星期，我們又在電梯上碰面了。在好奇這方面非常堅韌的我又拋出了同樣的問題，又被一陣其他話題所取代和迴避，我沒有得到這個問題的答案，不過對於我來說也沒有什麼損失。或許別人不願意面對這個問題。

是緣分也是註定，我們都需要下樓買東西，又是一個星期的課程間隙，一平米左右大小的電梯中，我們再度相遇，或許我們一來二往分享了不少和育兒類相關的話題，彼此產生了一份屬於媽咪間戰友般的友誼。內心我知道自己這樣繼續問下去有些沒禮貌，可還是好奇想知道隔了十幾年還要生孩子的勇氣是什麼？希望聽過來人的故事。無論如何，在電梯下行時我又問了同樣的問題：「Hi，xx 媽咪，你為什麼會過了十幾年還有勇氣再生一個小孩啊？」這一次，她大概被我鍥而不捨的精神所打動。或許和最初相識時相比，我

們熟悉了不少。她和我說：「喔，是這樣的，這個女兒是我和我第二個老公生的。」我聽了後，說了聲哦之後便低下了頭，一陣沈默，任由電梯往下穿梭，內心開始譴責自己，責備自己太好奇太頑強，沒有預料原來這個問題的起因或許會揭開別人的傷疤，好奇害死貓！

這件事過後，我開始陷入反省，不斷提醒自己人與人還是要學會保持一定距離，如果別人真的不願意坦露心聲，自己也不應該去勉強，每個人都有屬於他們自己的秘密，拒絕過度好奇是尊重他人也是尊重自己。

後來沒過多久，就放暑假了，我沒有再見過這位母親。

冬念
夏想

二十六 · 新的遇見

最近因為陪女兒上興趣班認識了一位香港本地媽媽，閒聊中得知她和她的先生以前都是從事廣告行業，具體的內容是策劃、設計、找模特等一系列事項的包辦。

因為有女兒後，他們為了擁有更多時間陪伴小孩，紛紛辭職創業，在尖沙嘴的一條街道上開設餐廳，主營車仔麵。雖然餐飲行業不比廣告行業輕鬆，但至少時間上可以自行分配，在興趣班上，時常見到這對夫妻成雙出現來接送女兒。在昂貴的租金下，經營車仔麵利潤是有限的，夫妻期待的客群主要是附近的學生和居住在此的街坊，每個月扣除租金和人工後，到手的數額我想不會太多。他們告訴我店鋪已經搬遷過一次，之前那一間鋪面業主加價的數額相當離譜，只能換一間新舖，雖然浪費了之前那一間的裝修費。不過為了陪伴和扶養自己唯一的獨女，他們還是願意堅持下去，聽著他們講述他們的經歷，辭職時的果斷、創業的艱辛，讓一直躲在 comfort zone 的我十分感動。

我會問他們一些幼稚的問題，比如，會不會有人來和你們收取保護費？他們告訴我，那是必須的，不

過大家遵守那一塊的行規就可以。每年過年，那些負責保護的人會送一盆桔樹過來，這份暗示大家都心知肚明，想到這我又嘆息了一下，創業真的不是一般人可以輕易操作的事。以前做一份辦公室的工作，簡單純粹，只要完成眼前需要做完的事就可以。當在社會中創業且選擇面向普羅大眾的行業，就要面對各種形形色色的人物。那是更大的一份挑戰，為了孩子更好的將來。我感覺到了他們無所畏懼勇往直前的決心，看到那對夫妻看女兒時滿足的眼神，我能感受到，來自他們的簡單小幸福。

　　祝福他們！

二十七．幻想的意義

　　去年大女兒還在讀 K1（幼兒班）的時候，幫她報名了兩間香港非常難入的頂尖國際學校。

　　面試結束後，作為母親的我一直在想，如果這兩間學校都錄取了孩子，我該選擇哪一間？

　　糾結來糾結去，有些傷腦筋。老公看到我苦惱的樣子，用直男般冷靜的口吻對我說：「等收了你你再考慮吧，如果這兩間都沒有收她，你現在不是就在白費腦筋，何必呢？」

　　我聽了後不明白他為何如此冷靜，自認為努力規劃未來也是在為家庭作出奉獻。

　　結果果然如他所料，兩所學校都沒有錄取我們的女兒。我的那些規劃終究只是一場美好的無用功。

　　這件事後，我總結我自己的行為，發現自己真的很愛把許多精神投放在一些從未發生過的事中。小時候看公主王子童話時，就一直在幻想自己的王子。年少時，看到喜歡的人，對方都不認識自己時，已經可以幻想出很多美好的相處畫面。平時愛沈浸在自己創造的美好綺夢中。自問如果許多事情註定不會發生，

那這些畫面到底有沒有被創造的意義？許多事情註定不會發生，這種愛幻想的性格是否太浪費腦神筋？等知道結果後再去思考和安排，會否是一個更輕鬆的活法？

　　生活中的自己漸漸學會追隨現實而做出選擇，僅存的美好幻想只能用作醫治內心的缺憾，提醒自己不能時常如此，告誡自己要活在現實中，人生，畢竟還是不能充斥太多無邊際的幻想。

二十八・飛機上遇見小孩哭

在少女時期，對於小朋友我是無感的。許多人從小就有成為母親的偉大志向，在我身上是不存在這種天生自帶的母愛光輝。坐飛機時，每次聽到小朋友哭鬧的聲音，腦海中只有一個念頭，認為他們好吵鬧，希望他們可以快快睡覺還我安靜。有試過從坐上飛機起就聽見小孩哭，哭到下機，那無法安寧的過程相信很多人都遭遇過，當時的我除了覺得心煩外是沒有一點包容心的。

當每次參加朋友孩子們的生日派對時，看到許多蹦蹦跳跳的小朋友們我的表現通常也是無動於衷，我想我是天生對小孩無感的人，當然，也不屬於那種討厭小孩的人，腦海中也存有結婚後希望可以擁有自己孩子的傳統思想。心中認定當自己做了母親後，情況或許會得以改善，會充滿愛心對待每一個小朋友們，很遺憾事實卻不是如此。

像曾經在內地火熱的《爸爸去哪兒》這樣的親子綜藝節目，我是完全沒有興趣觀看，光是聽名字就已經覺得煩躁。不過坐飛機的時候對小孩子們的哭鬧包容了許多，可以理解和心疼那些父母。對於小朋友們多

了一份耐性。（但那不是愛）不過本性似乎真的難改，或許我還是愛自己多一點？情願躲起來吃吃喝喝也不想面對哭鬧的孩子們。（或許這是不成熟的表現？）或許在潛意識中我還是把自己當作一個孩子？（應該是），在我身上的經歷起碼證明了本性有時不隨著經歷的改變而改變。

唯一有所改變的是對孕婦的態度，以前的我會為了工作和孕婦吵架，現在的我再回看自己當時的行為會覺得自己在造孽。無論如何，孕婦只要在合理範圍內，說一我覺得就應該是一，她說什麼都對，她應該做女王。那種需要被尊重和愛護的心，只有體會過的人才會更有同理心去感受吧。

二十九 · 香港正能量

在香港生活多年，有一件小事駐留在腦海中，不曾忘記。

大概 8-9 年前，有一次乘坐港鐵，我要從荃灣綫在金鐘站轉乘港島綫。在金鐘月台下車走到另一邊線路等候的時候，我的一個手提袋不小心失重掉在了地上，裡面的東西散落在一地，正當我準備自己一件一件撿起來的時候，我的前方和身後湧來了好幾位同樣也是乘坐港鐵的路人，起碼有 4 位好心人，他們雖然腳步飛快，但是在經過我身邊的時候，卻能身手敏捷地幫我把地上散落的雜物撿起放入我的手提袋中，然後以不看我一眼的姿勢迅速朝他們要乘坐的列車方向或者出口方向走去。

那件事真的讓我很震驚，我那天並沒有多做任何化妝和修飾，前來幫忙的路人根本沒時間打量這個人是男是女，而是很本能地做了一件小事然後迅速離去，這件事給我的觸動很深，許多看似內心冰冷、行為匆忙的路人，表面無情卻內心溫熱。每次回想起這個畫面，都會覺得很感動。

感謝那些平凡的好心人。

冬念 夏想

三十 · 上帝與猴子

身邊有許多擁有不同信仰的朋友們，無論是佛教，還是基督教，或者是回教。信仰是神聖的，信仰是每個人自身的宗教追求，值得被尊重。我個人暫時沒有固定的宗教信仰，亦或者說我有屬於自己的世界觀，不過這屬於個人隱私且會隨著自身的各種境遇而改變和覺悟。不過個人一直相信，這個世界是有上帝存在的，只是上帝的存在模式或者是誰創造了上帝這個問題一直困擾著我。身邊也有許多朋友愛好算命，看相，見活佛。本人也偶爾會嘗試這些行為。

換位思考，假想自己是上帝，創造了一個世界，創造了一群猴子們，如果猴子們對自己的命運感到困惑，該怎麼做，是應該去詢問同類猴子該如何向前進，還是信任上帝，或者相信自己的能力去生活呢？個人認為上帝會喜與樂見後者的行為。所有的算命師風水師他們只是我們的同類，而不是創造者。他們的話可以去借鑑，他們或許擅長歸納世界的運行規律，可以給人更好的前進方向，但絕對不是最終決定事態發生的人。事在人為，不應該過於依賴猴子的指點，最踏實的依靠還是自己。

冬念 夏想

三十一．算命師還是詛咒師？

很久前，我的一位曾經在 TVB 做過普通話主持人的朋友告訴我，有一次，她參與了一個飯局，飯局上的賓客有負責藝人們的上司，還有一位香港著名的風水師。在當日那個飯局裡，風水師看見我朋友後就在飯桌上對她上司說，這個女生的樣貌註定不會紅。雖然我只是聽我朋友轉述當時的場面，我人也不在現場，但是我從朋友的言語中都感受到了那份擺在檯面上的尷尬。先不說這言論準確與否，這位風水師作為一個人基本的修養都沒有，他完全有能力在我朋友不在的時候把他的判斷告訴那位上司，當然他不需要給那些默默無名的新人面子，不過這樣的直白起碼以我的道德標準來看，是欠缺禮貌和涵養的。

有一日我打開電視，也是位非常著名的女風水師在教大家所謂的嫁人技巧。電視中的她告訴觀眾們，哪些人可以嫁入豪門，哪些人嫁不出去等等這些亂七八糟缺乏科學依據的荒誕內容。不知為什麼，我看了很想砸電視，我真的很討厭那種不鼓勵別人努力，只傳遞一些莫須有的唬人招式來博取眼球的所謂算命風水師。

我是一個沒有固定宗教信仰的人，我一直覺得如果說風水師可以依靠生辰八字來斷定人的一生，那絕

對是愚昧的，曾經遇見過一位愛好研究八字和星座的女博士，她閒來也喜歡幫他人排命盤，但是她的說辭我覺得我更能接受，她認為所有的一些標準答案都是一個較大機率會發生的事，但是絕對不是百分百一定會發生的事，可以用現在的大數據理論來理解，或許古代的那些師傅把所有的人的生辰八字研究和歸納了一次，得出了屬於自己的歸納結果，而現代的師傅卻拿這些結果來做標準答案，可取嗎？我認為只可參考，人生，還是需要靠自己。如果認真把風水師當一份職業，我還是比較欣賞可以啟發眾生的師傅，比如，給出一些正能量的建議，給予他人向善的指引，指點人們適合朝哪個行業發展等等。而不是給予定生死的、毀滅信心的恐怖標準答案。有些人其說說是算命師，不如說是詛咒師。

我有一個和我同年同月同日生的同學，理論上我們的八字非常接近，事實上我覺得我和她除了人都比較友善外（偷笑），外貌性格人生經歷各方面都不太相似。

我尊重所有朋友們的宗教信仰，反對被那些所謂的大師限制自己的人生，一流的大師絕對是給予你人生啟發的人，而不是打擊你的人，在你還沒有做任何事之前就否定你一切的人。這種師傅，與其說是算命師，不如說是詛咒師。

願你能成為最好的自己。

深夜裡，我又寫起小學生式樣的作文。這幾日，不知如何，腦海中又開始懷念起我的爺爺。

爺爺在我 6 歲的時候就離開了這個世界，雖然他已經離開我很久，可我時不時還是會想起他。

爸爸有 5 個親姐姐，因為我是我爺爺第一個直系孫女，或許是因為這個關係，爺爺特別疼愛我。聽說當爸爸的姐姐們笑她偏心孫女時，爺爺總會面帶笑容回答：「這還用說。」

小時候的記憶已經模糊了，爺爺在我印象中的畫面只留下了 3 個。

第一個畫面，是從後來的視頻中看到的，那時候我才 1 歲左右，那是爺爺在家中舉辦的生日慶宴，親戚拿著攝像機紀錄了全程，在餐桌上他從頭到尾都抱著我，我就這麼安靜地坐在他身上，感受他的寵愛，爺爺也不多言，笑呵呵看著家人享受天倫之樂。

第二個畫面，是紀錄在我腦海中的，我和爺爺吵架了，吵得很兇，在媽媽懷抱下的我和爺爺不知為了什麼事在鬥嘴，我哭著被母親抱回家，那一晚爺爺似乎情緒不太好。

小時候的不算太長的日子最後腦海中的畫面只留下了這幾幀，不過不知為什麼爺爺對我的愛即使到現在我依然能夠感受到那份溫暖。

第三個畫面，也就是我和我爺爺人生中最後同場的畫面，爸爸媽媽帶著我去看望病床上的爺爺，爺爺因為肺炎入院，睡在病床上，當時的我少不經事，不知爺爺的病已經如此的重，也不知道爺爺會因此離開我，在醫院裡，我一直在吵鬧，吵鬧著要回家，病中的爺爺依然和氣地和我爸爸吩咐，讓我早點回家，即使病重，他也不捨得他的小孫女不高興。我就這麼任性地離開了他，永遠離開了他。

當時收到爺爺離開這個世界的消息時，我只是禮貌性的傷心，小孩子（對那時的我來說）懂什麼傷心和難過呢？在人生的成長過程中，這一份傷心就彷彿像心口一道炙熱的傷口，越陷越深。時不時就會想起，責怪當年的自己為何不能陪伴爺爺多一會。

雖然爺爺走了很久，每一次想起還是會覺得被愛包圍，有一份暖意圍繞在我的身邊。雖然說童年短暫，不過這份來自長輩的感情可以陪伴且持續一生在溫暖著我。

爺爺屬馬，是個溫順老實平和的人。也因為如此，我對於屬馬的人特別有好感，彷彿在他們身上可以看到些爺爺的影子。所以以前喜歡的人和我的先生都屬馬，我的女兒我也選擇在馬年生下她。

在這個肺炎肆虐的日子裡，又想起了爺爺。

爺爺，我是真的好想您。

三十三・寵愛自己是終身浪漫的開始

有一位朋友在社交媒體上自我介紹欄裡寫著「愛自己是終身浪漫的開始」，偶爾瞥到這句句子的我很認同。這個世界上太多人渴求別人的愛，但別人愛不愛自己卻是本人無法控制的，與其渴求別人的愛，把希望寄託在自己不可控的他人身上，不如先做到愛自己。

之前有在網上看到一段視頻，視頻裡有一位長者他對愛的結論就是，真愛是一種付出，而不是一種單純的接受。而這個世界上有太多的愛情不是真的愛，只是一種交易。因為我對你好，所以你也應該對我好，因為我獻出了我的美色給你，你就應該給我無限的金錢花費。許多男女的結合，是因為對方能夠滿足他生理和情感上或者社會地位等一切的需求，對方都成為了滿足彼此條件的工具。在許多感情中，因為我對你好，所以你也一定要對我好。這樣的思想的背後到底是愛情還是交易？

人類無法控制別人一定要愛自己，如果愛的人也愛著自己那真的是一件充滿喜悅的事。如果別人不愛自己，也不需要氣餒，與其糾結於別人愛不愛自己，

不如好好愛惜自己，寵愛自己是一種終極浪漫。不好好愛自己，怎麼去愛別人？

　　愛自己，當真有幸遇見真愛時，請無條件付出吧。當遇到的真愛同時也對自己很好，那真的是至高的福氣，而平凡的你我他與其奢求他人對自己源源不斷地付出，不如愛自己多一些吧。只有對自己呵護備至，才更有能力去愛他人，更實際的說，與其期望對方對自己好，不如先愛自己，別人的愛是一份禮物，自己對自己的愛才是不會間斷的能量源泉。

　　無條件地愛他人，同時也請好好疼愛自己！

　　所以明天買什麼給自己好呢？

三十四 · 真正快樂的源泉源自內心

在某視頻網站上看到一條留言，那個視頻講述的是一座城市曾經的畫面，那一條留言大概是這樣寫的：「他們以為未來的日子會越來越好，想不到痛苦一來就是三十多年，等日子稍微安穩些了，他們也耗去大半人生了！」

許多人一直都樂觀地認為，當下的痛苦忍一忍就會過去了，明天一定會更美好。其實理性的思考，未必如此，人生有太多不可控的因素，天災人禍太多，災難防不勝防。

之前有在一本書中看到一個因為迫害被禁錮在監獄中的人的體會，記憶已經模糊，大概的意思，他在監獄中尋覓到一種屬於自己的自由，監獄可以禁錮他的肉體，他行動上的自由，可無法真正禁錮他的思想，即使在籠中，他的意識仍是自由的。

我前幾日看了一部兒童電影叫做《Trolls（魔髮精靈）》，裡面的怪獸們一直以為吃了 Troll 才可以得到快樂，後來 Trolls 讓他們意識到真正的快樂源於內心，和吃不吃 Trolls 沒關係。可愛的 Troll Poppy 的經典台詞

是：『Happiness isn't something you put inside, it's already there. Sometimes you just need someone to help you find it.』

　　人無法控制外在，控制好自己的內在，即使外在怎麼改變，我們都可以從容應對各種風雲莫測，從當下發現內心最原始和簡單的快樂。樹在石縫中也可以生根開枝發芽成長，沙漠中也可以尋覓綠洲。即使嚴峻的生活中，也不要失去對生活的熱情。黑暗的盡頭未必一定是黎明，可能是永遠的黑暗，心中的火卻撲不滅，永遠在這裡，照亮屬於自己的道路。

三十五 · 《胭脂扣》

終於抽時間在家欣賞了經典電影《胭脂扣》，我身邊很多朋友是張國榮和梅艷芳的忠實粉絲，迷戀的程度接近瘋狂，即使他們離開這個世界多年，朋友們還是癡癡地愛著他們。對於我來說，小時候總覺得他們不是我這個年代的偶像，也甚少主動去了解他們的作品，當看完這部作品，終於和那群信眾有了共鳴，電影中他們的神態在我腦海中不斷迴盪。

撇開演員的因素不談，只是談這部電影中的角色，作為一個沒有看過原著的觀眾，在最後的大結局處，本能地感到揪心和心疼如花，對十二少的遭遇十分不屑。自我冷靜後，又暗暗責怪如花太過霸道，作為一個普通人，我完全能夠理解十二少的選擇，對於生命，留戀並不可恥。如果碰到如花這麼一個愛得癡狂的女人，不知道是幸運還是不幸。要用死來佔有一個人表面看似感人，其實真的有些自私，無奈女人貪愛，當如花在闊別人世 53 年又重遇十二少時，十二少的樣子讓人大跌眼鏡，一個風流大少居然淪落到一個跑龍套的殘弱老人，乾瘦曲背的滄桑樣讓人唏噓，如花把胭脂扣還給他，面無表情地告訴他我不再等了，便飄然而去，只留空恨。

我想到了曾經看過一個專訪，一個流浪漢的口述，他曾經做鐵門生意，在黃金年代中，榮華富貴過，鼎盛時期的標配（基本配備）是一架 911 跑車，雖有老婆與孩子，可外面也有情人。金融危機時，資產一鋪清袋，老婆選擇了離開，他把他最後的資產房子留給了老婆和女兒，自己選擇了露宿街頭，遺憾的是因為恨，老婆和女兒再也沒有理睬過他，他也翻身無力，終日在街頭徘徊遊蕩。或許曾經的妻子認為那是對他最好的懲罰，作為看這段採訪的觀眾，不免覺得妻子太過決絕，但是畢竟那是別人心中曾經的痛，外人無從感受和批判，可惜了這麼一位曾經的成功者。某日，當你經過某地，狂風呼嘯，遇見路邊蜷縮在一張骯髒被子中瑟瑟發抖的老者，你又如何去知曉他光輝的過去，只有心疼他們境遇的同情了。

　　願有情人終成眷屬，珍惜身邊人，愛你的人也愛著你且沒有任何阻攔。

繼續上一篇對電影《胭脂扣》抒發感想，我在看電影的時候，有一行彈幕跳出來，內容是，你們知道當時的公子哥想要娶青樓女子是有多難嗎？

先不聊公子哥和青樓女子社會地位這麼懸殊的結合，先從我認識的一個朋友說起，不說這個朋友所在的地域了，只能說那是一個非常傳統的家庭，那片土地上的人們在遵循中國傳統美德——孝的方面可以說和古代沒什麼太大的差別。男生曾留學海外，回到家後繼承了家族的生意，後來那個男生找了個女朋友，他個人非常喜愛。兩人無論是從外型還是面相還是性格來說都很匹配。他們曾經帶著我逛了那座美麗的城市。

許多年後，我又遇見了這位男生，他身邊的女友又換了他人，問他發生了什麼事？他告訴我，因為家庭的壓力，父母不喜歡那個女生，原因聽了令我驚訝，因為男生家庭不滿意女孩沒有出國留學過。在男方家庭的眼裡，單是這一點已經和他們的寶貝兒子不相配。在百般阻撓後，即使曾經已經到談婚論嫁的階段，女孩子還是選擇了離開。男生訴說原因時，神情難掩心

中的遺憾。雖然已有一位從身材和性格上和前任完全不同的現女友，但是他還是悄悄告訴我，自己還是更喜歡之前那位女友。

更諷刺的是，現任的這位女友他的父母依然不滿意，理由是現女友家庭離異，這一點也不符合他們的要求。即使是平日裡聽他講述家庭生活上的各個細節，都可以感受到父母對他的高壓式管理，我可以隱隱約約想像更遙遠的封建時期，父母一定要兒子娶他們指定的女子為婚，否則就被扣上不孝的惡名，想一想都覺得不自在。

在若干年後，這位友人終於遇見了那位讓父母也滿意自己也喜愛的女子，國外留學歸來，自身家庭美滿，知書達禮且容貌端莊，朋友的愛情終於結成正果，作為朋友由衷為他感到高興，我們都明白他太不容易了。有一次無意間和朋友聊起那位曾經的女友時，他的眼神即時閃耀光芒，隨後慢慢幻滅，沒有多說什麼，過去了就過去了罷，誰的人生沒有或多或少的遺憾呢？

《胭脂扣》裡的民初大少，要想娶妓女為妻，哪怕是為妾，都是不可能完成的舉動。我和那位迷戀張國榮的朋友聊天，我說如果是你的兒子（她有個兒子）帶這樣的角色來你家你也無法接受吧，她說肯定接受不了。朋友是現代人也做不到如此豁達，如何期待那時的老母親可以做到。那老母親的話，罵人不帶髒字，但是句句誅心，玩弄言語的高手，可怕！（哈哈哈，我入戲太深。）

我如果是如花，有個大少願意為我離開家庭，和我在外同居，為我從最低級的戲子開始學起，心中只有我，我也心甘情願了。（哈哈，再度入戲太深。）可憐的如花，當離開人世間後無法尋覓十二少時她應該已經知道發生了什麼，仍然要堅持 53 年到人間來看一看，確認下，才肯心死。真沒必要，她應該知足常樂！可惜誰叫女人貪愛，佔有慾也是人的本性吧，換了我，看到十二少和淑賢組成家庭估計也會心碎，唉，唉，唉，真是一個讓人傷心的故事。

　　反正，換了我是如花，我是不會來找的，他曾經愛過我，已經夠了。（說說風涼話）

冬念　夏想

三十七·活著的時候對他們好一些

　　首先先緬懷疫情下逝去的勇敢無畏的烈士們，也給每一個逝去生命的人致以哀悼。

　　許多人在先人還在這個世上的時候，對他們並不好。但是一旦先人逝去時，每個哀悼日反而會變得異常熱情，各種燒東西給先人，口中還碎碎念：「xxx 啊，請保佑我們 xxxxxxx。」個人覺得哀悼是懷念故人的一種方式，不過與其在哀悼中變換各式花樣，不如在先人還在世的時候善待他們。不要在他們還在病床掙扎的時候選擇逃避，不要在他們需要你們陪伴的時候選擇自己的忙碌，不要在他們還在世的時候已經算好了金錢上可以獲得的利益。然後在先人走之後搖身一變變成孝子孝女，最困難的時候你去了哪裡？問心無愧嗎？現在科技發達，許多實體的焚燒獻物，已經可以用網絡替代，更簡潔更方便，環保一些會不會更好？在追思故人時，那些生前對他們並不好的人們會否心生內疚？還是只是在尋求一種心靈安慰？

　　對一個活著的人好遠比對一個死人難，在懷念之前，在他們離開世界之前，麻煩請善待他們，做一些實實在在而非掩耳盜鈴的事吧。

冬念 夏想

三十八・一起喝一杯咖啡，然後把我給忘了。

冬念 夏想

因為經常要坐車去海港城和尖東，所以在高架上會路過位於紅磡的火葬場，火葬上的建築上有一根大煙囪，煙囪上每天都冒著濃煙滾滾，雖然我不知道事實上那些濃煙是在焚燒些什麼，但是理性判斷應該是在焚燒逝去先人的肉體。每一次經過火葬場，無論是晴天還是陰天，無論是白天還是黑夜。煙就在那裡噴射著，不會停息，也不知疲倦。每次看到後，我都會提醒自己，要珍惜眼前的美好光陰，這道煙，在未來，總有一條，你我他也會成為那一道煙，隨著城市的風向，飄到每一處，用另一種方式和這座城市，這個宇宙融為一體。

不知道有沒有其他的朋友有和我相同的感受，每一次的經過，腦海中就好像聽到了鬧鐘發出的 Duang Duang 聲，提醒自己，啊！Mimmy，請你不要虛度光陰，不要，不要！～～～～

個人覺得與其被焚燒，不如直接把已經無用的肉體和大海歸一，讓海裡的生物們有一頓飽餐。這是我以前有個同學告訴我的概念，她說，當我們的肉體進入大海，當魚兒們把我們當作美食之時，就是大自然的一個循環，也是絕大部分肉食性人類做出的救贖。

曾經參加過一次在香港的葬禮，那個場景下每一個在你眼前顯現的人和物乃至聽到聲音都充滿了悲情。如果可以有選擇，未來的人們可否不要把告別辦得如此令人傷痛？大家一起喝一杯咖啡，把離別當成一種優雅的告別，會不會瀟灑一些？或者拒絕土葬和牌位，和大海融入一體，親人想念的時候望一眼大海，逝者依然以優雅的流動方式存在會不會讓人內心平靜些？

人類有脆弱的一面，當愛的人化為一道青煙，換做誰都接受不了，呼籲別人忘卻很簡單，可事實上又有多少人能夠承擔愛的別離？和我上一篇寫的內容呼應一下，請在逝者健在的時候對他們好吧，不要在逝去時才充滿遺憾和愧疚。

想必家中有女兒的父母一定會明白孩子深陷迪士尼電影《Frozen》的感受，家中從玩具到服飾到餐具，細節到紙巾、杯子、書包等，都是 Frozen 系列。家中有兩個女兒，她們常常會自動角色帶入，自詡為 Elsa 和 Anna，在家中各種角色扮演。大女兒在電影院看了 4 次《Frozen 2》，在家下載後又重看了無數次，作為父母我只能發自內心佩服製作團隊，可以讓孩子們如此咀嚼作品而不生厭。（豎起大拇指）

在很早以前我曾經跟好友一起拍攝過美妝視頻，教大家如何把自己裝扮成《Frozen》中的 Elsa 和 Anna，當初只是順應潮流做了那一期主題。為了畫好當時 Elsa 的妝容，我很認真地把這部電影看了一次。當時只是覺得冰雪女王 Elsa 變身後的妝容美得有些妖豔，紫色眼影是整個妝容的重點，用了大部分時間去研究妝容，忽略了整部作品想要表達的內容。當孩子大些再一起觀看時，突然頓悟到，這部迪士尼的兒童電影作品有想要傳達給孩子們的理念。

個人覺得第一集的 Elsa 想要傳達的思想就是做自己，接受大眾眼中不完美的自我，就像《Let it go》中的歌詞：

「Be the good girl you always have to be

Conceal, don't feel, don't let them know

Well, now they know」

既然大家都知道真實的我是如何了，我也不想再掩飾了。

做自己，接受那個別人眼中並不完美的自己，那些禁錮自我的思想滾遠些。

「Let it go

The cold never bothered me anyway

Let it go, let it go

And I'll rise like the break of dawn

Let it go, let it go

That perfect girl is gone

Here I stand in the light of day

Let the storm rage on」

做真實的自我是痛苦的，Elsa 寧願把自己封閉在屬於她的冰雪城堡中，可是愛可以化解一切，她的妹妹 Anna 用那份真愛感動了 Elsa，誰說做真正的自己愛你的人就不會接受你和繼續愛你呢？

很喜歡這個故事的立意，希望下一代的孩子可以堅決摒棄外界的干擾，順從內心，做真實的「我」。

四十．井底之蛙的慾望

　　人的慾望會隨著現狀作出改變，很早之前曾寫過上學那一陣曾經試過落枕，整個頭不能直立行走，要歪著脖子畸形地在路上穿梭，恨不得別人看不見自己。幸運的是，那時候遇見一位善良的老師，她幫我擦了一些活絡油，一起上課的同學們也沒有嘲笑我，到了晚上我的脖子就恢復正常，可以如正常人般直立行動。在那一日之後，我覺得，可以正常行走真的是太幸福了。

　　很多時候，人在失去的時候才會去感受擁有時的珍貴。

　　疫情下，許多人的 2020 年願望已經由一籮筐願望變成了活著。

　　我的人生追求已經從一大籃子變成了——學校開學！

　　我們很少有人會潛入井底看這個世界，但是我們會從各種渠道以井底的這個視角去仰望這個世界，雖然只有一個微弱的圓形，陽光灑下來的時候，都能感受到那種存在於人的共同潛意識——希

望。在諾蘭系列「蝙蝠俠」第三部《The Dark Knight Rises》，蝙蝠俠本人也是克服了種種困難，才逃離了類似井一樣的深坑，在克服萬般阻撓重新擁抱這個世界後，感覺他在電影中的段位又升了一級。

　　前幾日，很隨意地點入了一個從井下看天空的視頻，突然心想，如果我曾經是人類，現在變成了一隻井底的青蛙，我會期盼，我會和上帝禱告，請讓我回到陸地上，哪怕，哪怕做一隻螞蟻也好。

四十一・優雅的男人和粗俗的女人

剛認識先生的時候，我們約在一間披薩店進餐，我們的座位前方安放了桌布和刀叉，他可以很輕巧地用叉子切開披薩，且不發出任何令人刺耳的尖銳聲，優雅地氣定神閒地吃完了每一塊披薩，對比下，平日裡我這種吃披薩只用手抓的人士怕失禮節，只能非常笨拙地努力用刀切切切，用不斷的微笑來掩飾切披薩時的慌亂。好在似乎沒有太丟人，起碼沒有給他留下粗魯的初步印象。在往後，我發現，他在吃蝦的時候也可以用刀和叉整隻整隻的卸殼，即使是那種體型很迷你的蝦，他也可以用刀叉快速地把肉從殼中挑出。這次，即使我再掩飾，再把自己掩飾成優雅嫻熟的氣質，都無法一下子掌握這份技能，唯有放棄用手來剝。

在我們兩人的身上，我似乎更偏向野蠻人，他似乎更像一位受過教育的紳士。

當兩個人在一起後，我放棄了形象包袱，更加不願意掩飾自己的粗獷本性，基本能用手就用手來拿披薩，用刀叉吃蝦曾經也鍛鍊過幾次，似乎永遠掌握不了精髓，也就作罷，剝就剝吧，心裡喃喃告訴自己為何要活得這麼累，隨意些吧。

不過，近朱者赤，近墨者黑。多年後，我們一起
去吃披薩的時候，他也開始和我一起用手來啃，只是
吃蝦的時候還是習慣用刀叉，這是因為潔癖，而不是
因為斯文了。

本人不擅長取標題，比較粗俗和直白，眾人且忍一忍。

先說這50萬月薪的背景，曾經本人在上海參加過一本雜誌的拍攝，那一天主要的拍攝內容是去採訪一位在直銷化妝品行業頂尖的人物。我們一行人去到她位於上海市區的別墅內進行採訪和拍攝。她在一間全球知名的直銷化妝品行業內已經做到了金字塔尖的位置，用一句粗俗的話就是已經可以躺著賺錢，多層下線的分成已經可以讓她獲得豐厚的收益。她的長相和談吐相當友好，熱情地招待了我們一行人。因為我當日的工作任務較輕，所以也就不客氣地坐在她大宅的客廳沙發上，啃起茶几上擺放的新鮮直送的廣東月餅。眼神尖銳的我瞥見有一位男士坐在客廳另一邊的小圓桌上，氣定神閑地看著手中的書籍，看著也算斯文。

採訪很快就結束，在一片寒暄問候後，我們一行人離開了，走在路上的時間，不知什麼原因，同行的品牌的工作人員告訴我們，她走到今日也是經歷了各種磨練，入行時間也算是踏在點上，她一個月的人工大概是50萬人民幣左右，50萬，當年大概也就2007年左右吧，這個巨額月薪讓我忍不住用力吞了一口口水，努力拍打自己的臉讓自己冷靜和振作。品牌方的工作人員似乎也有些八卦，和我們說那位坐在客廳裡

的男士是她第二任老公。

　　帶著強烈的八卦情緒外加對她如何發跡的好奇心，我回家搜索了她的資料。內容令人感動，在當年，她是一位婚姻失敗的單親媽媽，帶著一個孩子，生活幾乎絕望。在機緣巧合下，她加入了這間公司，開始了這份事業，和所有的勵志故事一樣，一開始，一切並不順利，畢竟是和別人推銷產品，冷眼冷面收穫了不少。但是她不畏眼前的困境，克服多項困難，終於有了今日的成就。我被其中一句話所感動，那句話大概是這麼寫的：「當我遇到挫折想哭的時候，我會抬起我的頭，讓眼淚倒流。」

　　當年的我，過於世俗，直覺得那位坐在角落裡看書的男人不懷好意。

　　果然，在大概 5-6 年後，我又有機會參與這個品牌的工作，才知道後來那個男人騙了她的錢，攜款潛逃。知道結果的我只能一聲嘆息，後來我離開了上海，希望後來的她一切安好。

　　為什麼會想到這個故事？因為我明白身邊那些賺很多錢且依然單身的優秀女孩在尋覓另一半時有多麼不容易，她們付出了太多努力才可以獲得今日的成就。但是女人通常都有柔軟的時候，這個柔軟往往成為了奸人下手的軟肋，實在可恨！

　　祝每一位優秀的女子都能尋覓真正愛你的人。

四十三 · 狗狗的最後一眼

　　帶著孩子們和鄰居家的小狗一起去散步，因為遛狗所以聊天內容也以狗為主。我問她：「如果你們去旅行的話，狗在家只有阿姨照顧，狗狗會願意嗎？」鄰居告訴我完全沒有問題，但是最好不要把狗送到別人的家中照顧，接著她和我敘述了一段簡短而又傷心的故事。

　　她朋友家曾經養了一隻狗，有一次主人不在家幾日，麻煩朋友來自己家幫忙照看小狗，小狗在家相安無事。因為小狗知道主人只是暫時不在家，遲早會回來。但是第二次主人可能要出遠門，把小狗直接寄送在朋友家中照顧，小狗到了陌生地方後習性大變，從頭到尾連續幾日不吃不喝，可能在牠心中認為自己是被遺棄了。直到過好幾日後主人來到朋友家接小狗的時候，小狗看了她最後一眼就離去了。

　　想到小狗最後的一個眼神我心裡有些難受，小狗在最後體力不支時，或許再次看到主人出現內心還是幸福的，會覺得自己沒有被拋棄。想到那不為眼前糧食和安逸滿足只求被主人疼愛的小狗，不禁被那份執著的情誼所感動。

冬念　夏想

　　本人很喜歡做 spa，樂忠於在按摩中得到身心的平
靜。其實也是一種不會自我放鬆且愛偷懶的藉口。有
一日，全身又感覺酸痛難忍，心理暗示自己自己真的
好累應該對自己好一些了，隨後決定前往位於九龍某
酒店的 spa 中心，選了精油推拿的項目，在做完一系列
放鬆的項目後，我心平氣和的躺在床上，期待理療師
給我帶來一場身心的完美舒緩。

　　理療師緩緩走入，輕輕讓我往頭朝下的方向轉身，
幫我蓋上了被子，露出肩膀和頭的部分，接著開始輕
柔緩慢地幫我揉捏我那容易緊繃的肩膀。這完全是我
幻想的開頭，我客氣地和她聊了幾句，具體內容已遺
忘。不知是我太過親切還是她心情不佳的原因，突然
從她嘴裡冒出了一句話：

　　「我最近老公一直都在家打我。」

　　我本來快要入睡的睡意被這句話抹去，人警覺地
清醒了過來。接下來的過程我彷彿變成了一位心理醫
生，詢問她事情的來龍去脈，她告訴我老公打她在這
些年已經成為習慣，且他有嚴重酗酒的習慣，貪杯到
家裡只要是酒精類的飲品類似黃酒，都會不顧一切灌

入肚中。因為事情發生的時間已久遠，她和我描述的許多細節我已經遺忘。還有些許的記憶碎片大概是她老公雖然對她不好，但是有試過約其他女人來自己家中，親自燒菜給對方享用。

已成人的兒子勸媽媽不要和爸爸居住，早日搬出來。我也順著她兒子的意願建議她搬出來住。我似乎一直在安慰她，讓她多想一想懂事的兒子，希望她遠離困境，保護好自己。我記得從我被那句她被打的話驚醒後，就一直在寬慰這位按摩師，希望她不要不開心。雖然按摩過程還在繼續，這堅硬的肩膀似乎更緊繃了。當下，我已不是一個普通的 spa 中心的客人，而是一位肩負開導使命的江湖心理醫生，做一個聆聽者做一個開導者希望可以讓她好受些。

和暴力說「不」！

從小一直聽到的一句諺語是「老鄉見老鄉，兩眼淚汪汪」。老鄉見老鄉要有一個前提，就是彼此都不在彼此的故鄉。

當我剛踏入香港的時候，身邊沒有上海背景的朋友。國語雖然是我的母語，但是其實這不是我從出生以來就說的語言，上海話對於我來說是更為讓我放鬆和自在的語言。國語對我來說更像官方語言，上課時才會用到的語言。

有一日我和我的一位好友約在位於銅鑼灣世貿商場樓上的瑜珈健身中心做高溫瑜珈，那個瑜伽中心環境優美，15 樓的高層無遮擋遠眺維多利亞港的景色。在陽光照射下望著大海做高溫瑜珈真的是一種身心享受。

在做完瑜珈後，我們拿起水杯喝水補充能量，這時，有一位女生從我們身邊擦身而過。我的朋友和她打了一個招呼，我問：「這是你朋友嗎？」朋友回答我：「也不算朋友吧，只是認識，她也是上海人。」我聽她是上海人就考慮和她聊多幾句，心中充滿期待，心想終於可以有機會認識一位出身背景相似的老鄉。朋

友看出了我的心思，馬上告訴我：「這個人千萬要小心，她之前和她的老公騙了我男友很多錢！」接著還和我說了許多令我驚訝的生活癖好。

　　我當場就被嚇到了，心想還好沒有一時衝動去招惹對方。即使是來自同一個地方，也不代表她是一個值得交往的人。

　　雖然那一日的小插曲只是生活中很小的一個片段，不過會時常提醒自己，交友需謹慎。

　　想到曾經在上海工作的時期，聽聞有一國的知名企業準備進駐上海，從上海找了間和他們來自同一國的公司來做推廣，因為來自同一個國家，所以更信賴。結果廣告公司開了一個完全不符合市價的天價給這間剛剛入駐上海的公司，當新公司真正站穩腳跟後，才真正了解行情，換了另一間廣告公司負責推廣。在我眼裡這也算是老鄉坑害老鄉的一種方式。

　　所謂老鄉，倍感親切之餘還是要提防，有時或許還會反咬你一口，不可掉以輕心啊。

四十六．有些人，走了就是走了。

冬念 夏想

現在居住的屋苑搬進來大約有 4 個年頭，剛搬入的時候 Dick 任職大堂的保安工作。

Dick 和許多從事保安工作的人員不同，雖然已經過了退休的年齡，可人依然站得挺直，沒有一絲垮態。體型有些發福，挺著個將軍肚，髮型長年擦著髮膠，一根又一根稀疏得來有序有條。他有禮貌地對待每一個住客，聲音沙啞中帶有中氣，知道我是上海人後會時不時和我還有我的父母說幾句完全走音的上海話，還告訴我他祖輩也是上海人。看到孩子們時他會用英文、普通話、廣東話一起和她們交流。他的眼睛似乎一直在笑。他似乎曾經有過漫長的故事，但是早已看淡一切，眼前的工作只是他用來消磨時間和晚年的精神寄託。

一個人做事認不認真其實不用自己去吹噓，旁人都能感受到。

在傍晚開車回家時都可以看到他在停車場的雜物室一個人認真地巡視著。

我帶著那時候還很小的大女兒在健身房玩耍各種器材，他從監視器中看到，立刻跑過來告訴我小朋友不可以在健身房出沒。

我見過有些來路不明的陌生人不知什麼緣由和他吵起架來，話語污穢不堪，還用輕蔑口吻嘲笑他的職業。他不卑不亢地請對方離開來維護社區的寧靜和安全。

可惜他沒有工作多久就離開了崗位。我聽大堂的女孩說他不做了，具體原因不明。我是一個非常容易難過的人，雖然習慣了各種小別離，但遇到的時候還是會唏噓幾句。時間久了，許多情緒就在各種生活的掙扎中淡忘了。

直到有一日，我又在樓下大堂見到了 Dick，我又驚訝又喜悅，問他你怎麼回來了？他笑笑，後來我才從大堂女孩的口中了解原來保安職位缺人，在她的推薦下他又回來了。內心彷彿一個老朋友又回到了身邊，即使我們的關係其實很疏遠。

有一陣我喜歡在大堂看報刊雜誌，人少的時候也會禮貌地和 Dick 客套幾句，有一日他讓我打開我眼前擺放的一堆雜誌中的一本專門講述韓國旅遊文化的雜誌《Kimchi》。他幫我翻到了其中的一頁，內容具體是講述韓國太太們逛商場時的裝扮，仔細看一眼署名，原來寫著 Dick，他告訴我這篇文章是他寫的，他有時會幫這本雜誌撰稿，他本人也在韓國居住了大約 20 年左右。我內心嘖嘖稱奇，心中不斷感嘆高手在人間。

最後一次見面，我帶著小女兒去樓下參加屋苑組織的消防演練，Dick 還在一旁幫消防員搬滅火筒，在消防員示範如何滅火的時候我還拍了視頻，視頻中他也在，看上去神彩奕奕，眼神專注。

有一日，我發現很久都沒有見到 Dick 了，特意詢問屋苑其他工作人員，最近怎麼沒有見到 Dick？對方神情哀傷地告訴我他已經走了，在一場朋友的燒烤聚會中，突然昏倒後就離開了，如此突然，沒有任何徵兆。

我傻了，不過自我消化了一段時間後情緒又恢復了正常。

有些人走了就是走了，不管他以什麼方式離開了你，都是走了。

有些人是生命結束了。有些人還活著，但是和你再也沒有交集了。對於你來說，對方的生命結束還是生存也已經不重要了。

走了就是走了，走好。

冬念 夏想

四十七·Slow life

　　我的家住在香港花墟附近，顧名思義，花墟由多間花店組成，是全港愛花之人都會前來採購鮮花的地方。每天花墟人來人往川流不息，個人很享受這樣的環境，即使不買花，在花墟走一走看一看那些嬌豔的花朵都覺得心情愉悅。

　　在無數間花店中，有幾間餐廳讓各路前來的客人們小憩，在所有的餐廳中，要數 Slowlife 最得我心，它是一間主張慢生活提供西式簡餐的餐廳。淡藍色的牆身佈置，每一個細節的裝飾，都在傳遞慢活的生活態度。在生活節奏相當緊湊的城市，相當於一個綠洲，可以讓人在繁忙的生活中喘上一口氣。室內的地板用那種花紋圖案的磁磚有條不紊地拼湊在一起，我有時候想拍自己今天穿了什麼鞋子，都會特地前去餐廳把地磚作為背景來拍攝。餐廳落地窗的玻璃設計，讓食客們可以在享用美食的同時觀望眼前穿梭買花的人們，許多手拿著或者捧著花的人們臉上浮現的滿足微笑也是食客們可以隨時感受到的喜悅。在一張四人桌的右邊還擺放了一座魚缸，魚缸裡有許多水草和可愛的魚

兒們，也有一條很長的魚（不知是不是清道夫？），我的女兒喜歡稱那條很長的魚叫毛毛魚。所以每次說要去這間餐廳，她的第一反應是：「喔，我們要去毛毛魚那間餐廳。」

餐廳的食物也都是以有機食品為主。在入門的左邊，有像小型超市般擺放了許多有機食品。也有高山產的蘋果和梨放在雪櫃裡供人選購。每當我氣管敏感時，都會買幾個梨回去滋潤一下自己的喉嚨。服務員的態度也是不緊不慢，讓我有賓至如歸的感受。店員告訴我，店鋪在長洲（香港的一個小島）也有分店，那間店更大，更有生活情調。有機會可以來長洲坐一坐。我喜愛喝咖啡，這間的咖啡豆是選用對於我來說很神秘的國家——老撾，似乎和慈善用途有關。

每週，這間餐廳都會讓一位盲人坐在餐廳門口演奏電子琴，鮮花美食加上悠揚音樂，這樣美好的氛圍每一個週末都會在花墟上演，我每一次看到都會提醒自己，連盲人小弟都彈得一首好琴，自己還有什麼資格抱怨年紀大了學琴難？（我在和女兒偷師學琴。）在盲人小弟創造美好音樂的同時，我也很感動這間店家可以給予盲人小弟一份兼職工作，給對方創造一份自力更生創造價值的機會。

有時候只是一霎那的錯覺。有一日我發現，這間店已經悄悄不做了，店鋪還在，裝修也還在，店員早已不在，魚缸也已不在，盲人小弟也不在了。地上的磁磚還在，新業主不知是懶還是不捨得原先店鋪的美

好裝修，在原先店鋪的裝修下隨意擺放了一些植物花卉就變成了花店，殼還在，神已去，個人覺得完全不協調，後一任店主也就這麼繼續營業著。

花墟，還是那個美好的花墟，可是這間店，只能活在我的心中了。

PS 這間店在佐敦還有一間分店（其他分店都已結業）。

冬念
夏想

四十八 · 如果人生是一場虛幻的夢

如果在你人生的終點，你的意識尚且存在，肉身已消散。你的意識被告知，你所經歷的一切不過是一場夢，都是被預先設計好的場景，你所遇見的人，發生的事，你的親人孩子都不是真實的，都是你自己在夢境中創造出來的角色。一切都只是一場遊戲一場夢而已，你的意識會如何面對這樣的結局？

想到以前曾經看過一個《多啦 A 夢》的悲觀結局，原來所有的一切，都是大雄的幻想。

「某天大雄像往常一樣醒來，但是他發現自己生活的地方更像是一個醫院，而身體卻無法動彈，病床邊的多啦 A 夢告訴他：這個時代的人類是要經過優勝劣汰選擇的，大雄是被淘汰的那一部分，政府願意讓機器貓出面滿足這些人一個願望，大雄渴望的正是一個快樂的童年，是以才會有我們看到的《多啦 A 夢》動畫，胖虎等人都不是真實存在的，是大雄幻想出來的同伴。」（此段摘抄）

特斯拉董事長埃隆·馬斯克（Elon Musk）也是這麼想的。馬斯克一直堅信，我們所在的宇宙，很可能是一個超級文明的模擬器，而地球人類，不過是這個超

冬念 夏想

級文明出於某種目的，模擬出來的一個場景而已。Elon Musk Says There's a 'One in Billions' Chance Reality Is Not a Simulation.（此段摘抄）

當然這聽上去有些荒謬，不過如果萬一一切都不是真實的，那思維該如何面對這窘境？

個人認為，解決方案是認真體驗當下的感受，過好可以掌控的現在。

翻看過去的老相片，那些形形色色的人們，他們在畫面中樣貌各異，每個人的神態都反映著那時他們當下的感受。如今他們早已不復存在。他們存在過，沒有存在過，其實已經不重要了。

配上一句非本人寫的英文諺語：「Yesterday is a history. Tomorrow is mystery. Today is a gift.」

過去了，就過去了，未來的路紮根於當下。

結束了，就結束了。

回答第一段的問題，如果是我，我想我的意識會這麼回覆：「真的假的，不重要了，那一路上的體驗，已是最好的修行。」

四十九・大腦的錯覺

疫情下精神時而錯亂時而恍惚。

　　在家附近的山坡漫步，戴著墨鏡的我，感覺天色灰暗，心情也會隨著灰暗的氣氛產生壓抑感。當我把墨鏡摘除，才發現，天色其實是湛藍色的，白雲也在藍色的背景下飄動，山上綠色的植物和天空的顏色互相交映，畫面完美無瑕。心情隨即跟著景色而變換，變得愉悅。

　　午後，我坐在家中的餐桌前，遠眺窗外的景色，藍天白雲祥和的氣氛，一陣夏日清新的風吹拂我的一切，這樣的環境下我覺得氣氛正好，心想，如果現在我是處在一個密室中，同樣的位置，只是和外界絕緣，如果戴上一台 VR 虛擬實境眼鏡，打開一台風扇，會不會我也會有同樣的和煦溫暖感？

　　父親有一次在家附近的商場內試了一次 VR 虛擬實境眼鏡，還乘坐了一台特地配合場景的座椅，體驗了一次坐過山車的經歷，雖然我個人沒有嘗試，但我的父親告訴我和身臨其境沒有什麼兩樣，他甚至在整個運行過程中，大腦產生了刺激的感受。

冬念　夏想

在跟一位健身博主的視頻做運動時，很喜歡她背景音樂中的鳥鳴聲，我是完全分辨不出這個鳥鳴是真實的還是後期添加的音效，但是我確實聽了後心情會隨著音樂舒緩了下來。

　　場景的真實與否似乎不重要了，大腦的感知似乎才是影響我身心變換的誘因。

　　所以我看到的，感受到的，到底是真是假？還是大腦的一種幻覺呢？

　　（作者似乎病得不輕 ^^）

香港「添好運」這個有多間米芝蓮推薦的連鎖餐廳，主打港式飲茶，價格公道，在市況好的時候，長年都需要排隊。因為座位相對比較擁擠，所以一開始我不懂欣賞這個品牌，並沒有興趣去嘗試。

過了很久，終於有一日去了位於大角咀奧海城的「添好運」餐廳，拿了排隊的籌，需要人齊方可入座，等了幾枱座位後，才拿到位置。座位是那種需要和他人分享一張桌子的狀態。我和我先生對面坐，其他人坐在座子的另一邊，大家假裝聽不到看不到對方在做什麼說什麼的這種狀態。隨便在點菜紙上畫了幾個平日裡自己喜歡的菜式，就把紙張遞給了服務生，本來沒有抱有太大期待，覺得應該也就和平日裡酒樓的那些點心差不多。

結果，菜來後，一試驚人。每一款點心都是人間美味。尤其是豉汁魚滑釀尖椒，太好吃了！那個青椒特別新鮮，而且口口辣到內心深處，全身起酥麻感，但是又覺得很舒爽。豉汁蒸鳳爪皮嫩骨香、就連傳統的金銀蛋瘦肉粥都是粥香味濃，就連茶水都香氣四溢、茶味濃郁。疊在一起出爐的蒸籠裡的點心迅速轉換成客人們身體中的能量，慰藉他們的身心。

　　某一日我再度光顧這間餐廳，食物依然如此美味，我看到有一位導遊女士帶著一群日本遊客來體驗這間餐廳，是一群上了年紀的日本太太們。太太們似乎很喜愛傳統的香港點心，眉目間的面部表情透露著她們內心和味覺的喜悅。每上一道點心，導遊都會用日文和她們解釋是什麼菜式，她們也頻頻點頭。介紹完一切後，導遊坐在她們的座位後一張桌子看著太太們享用美食。我看到日本太太們在她們點的點心裡選了兩籠拿給導遊，希望可以和她們一起享用，導遊和她們致謝。坐在一旁的我很為日本太太們體恤導遊辛勞的行為感動。享受美食之餘可以看看遊客們的一舉一動，那時的心情是愉悅。

　　敲打鍵盤的當下，已經很久沒有遊客光顧了，不知道那位接待遊客的導遊一切可好，也不知疫情何時才是盡頭。這麼久的停擺，所有的旅遊業工作者一切可好？不知何時，一切才可以回到往日，真的不敢盼望太多，只是期待一切會好。

　　寫著寫著我把我自己寫餓了，決定明天去「添好運」的餐廳買外賣！

五十一．籠中雀

家離開雀仔街很近，雀仔街售賣的都是鳥兒，街道中的鳥兒似乎比來往選購的人要多，據說過往的香港有許多中老年輩的男人喜愛飲茶的時候手提雀籠，飲茶的同時欣賞自己籠中的鳥兒。是曾經香港一段時期內的飲茶文化，我是沒有見過，不過時不時還是會在雀仔街見到幾個提著鳥籠觀賞著鳥兒的男人，有些人喜歡把鳥籠掛在一根特定的桿上，釋放雙手，抬頭靜靜欣賞著鳥籠中的鳥兒，或者手提著鳥籠在附近踱步，步履緩慢，籠中的那隻雀仔似乎已吸走他所有的靈魂，只是彷彿定格般凝視鳥兒的一舉一動。

我有時候會產生疑問，為什麼那麼多男人喜愛鳥兒？是大男子主義作祟嗎？喜歡禁錮美麗又嬌弱的鳥兒而滿足內心的強大感？抑或是純粹喜愛鳥雀仔，喜愛觀察牠，喜歡看著牠在籠中的樣子而不可自拔？

曾經有個女孩時有一段時間住在外公家，外公家是典型的上海石庫門建築，在外公家樓上有一戶人家的男主人喜愛養鳥，在他家的曬台上（現今類似露台），養了一隻黃綠相間的小鳥，在木製的籠子內靜靜地生活著。每次女孩洗梳的時候都會經過他們家，也會看到籠內的鳥兒。有一日，調皮的女孩在籠外做出一些張牙舞爪的動作來嚇唬牠，鳥兒以為女孩對牠產生威脅，便開始拼命掙扎，使出全身力氣想要掙脫鳥籠，

冬念 夏想

對牠來說，鳥籠外的女孩是一隻可怕的野獸。木籠子在這拼命出逃的力量下有些微微變形，不過這輕微的變動不會對現狀產生任何影響，鳥兒還是在籠內乖乖地生活著。

籠外的野獸也就是女孩，開始上腦了，每次只要經過鳥籠，看到這隻小鳥，當身邊沒有任何人的時候，女孩就會變身野獸來嚇唬牠，牠也就本能開始想要逃跑。那個似乎開始變形的木籠雖然仍是堅不可摧，但是兩條木條間的間隔似乎每一次都會些許的變化，這些變化只有女孩能感受到。似乎也沒有人會留意。鳥兒似乎也懂自己的出路在何方，每次只向著那漸漸張開的木條間擠壓，這樣持之以恆了一段時間後，終於有一天，鐵柱磨成針般的奇蹟發生了。

那一日，女孩對著鳥籠裡的雀仔做出各種誇張舉動，終於，「噗」的一聲，小鳥在掙扎下衝出了鳥籠，牠飛走了，不帶一絲留戀。牠走了後，女孩仔細觀察鳥籠後才發現，原來那兩條木條間的間距已經很明顯，平日裡鳥兒在裡面跳躍時不會留意，走的時候才發現，這背後的努力不是一朝一夕可以達成。當天晚上，女孩就聽媽媽告訴我鄰居家鳥被人放走了，鳥主罵罵咧咧了許久，咒罵這個把小鳥放走的人。女孩就是那個罪犯，雖然沒碰過籠了一下。女孩知道自己這樣做不好，心中卻也沒有什麼內疚感。

飛走的鳥兒，希望你去的方向是自由。

五十二． 7歲起它們就一直默默 support 你

前幾日陪女兒刷牙，我假裝很有耐心地對她說：「很快你就要換新牙，這些新牙會陪伴你一世，你一定要好好愛護它們。你看我從 7 歲開始換牙，換完牙後牙齒就是這個樣子，一直用到現在。」女兒似懂非懂的不理我繼續刷牙，恍惚間，我的話也喚醒了自己，不經意地對著鏡子張開嘴，隔著臉摸了摸自己的牙齒，矯情的產生了一陣暖意，提醒自己這些錯亂的牙齒從 7 歲開始就已陪伴自己多年。

因為我後期的不注意，補牙很多次，烤瓷牙也做了幾顆，時不時牙醫都會幫我修補一些蛀牙，懷孕時鈣的流失又導致蛀了好多顆牙。也愛吃堅果、瓜子、大閘蟹類的食物，從不擔心它是否承受得住，也愛喝咖啡奶茶一切色素類的飲品，不在乎潔白的它被蒙了層顏色是否會感到快樂。還一直嫌棄它們生長排列得不好看，而它們卻默默無聞的為愛吃的無情的我進行消化美食的第一道工序。還時不時感嘆，身上和身邊的一切都在更新和代謝，沒有什麼是永遠堅定陪伴的！卻沒有留意過你，在乎過你，去發現你在背後其實默默支持了自己多年，是我忽略了陪伴自己多年的牙齒們！

冬念 夏想

思緒太多，馬上定了定神，繼續老生常談和女兒說要愛護牙齒，從小做起，接著自己對著鏡子露出牙齒勉強擠出一個笑容，心中似乎有一絲暖意。

剛和先生一起時，聽說他曾經被一位高人指點，說他未來的太太會是一位賢妻良母。雖然本人沒有機會見一眼這位高人，不過這一點卻一直被我詬病，顯而易見這位高人水準有限，可以用胡扯來形容。在天真爛漫的年紀，我就清楚自己和這個詞語沒什麼關係，也認定誰娶了我將會是一件苦差事。背後隱藏的原因暫且不多討論，這個想法卻是堅信不移。

果不其然，當我成為了母親後，就沒有為孩子做過一餐飯（不鼓勵，是本人邪惡。），如果這樣也勉強算一個良母的話，賢妻是百分百不稱職的，家務事基本也是長年在不理的狀態。（疫情期間有輕微改善。）顯而易見可以斷定，高人應該就是一個騙子了，這個結論隨著時間推移我也是更加堅定，直到去年我去了一次台灣旅行才有所改變。

我當日拿這事當笑話和當地的朋友聊天，朋友的老公立刻回應：「這位大師未必有錯啊，你可能就是現代版的賢妻良母啊，現在的賢妻已經不需要自己親自下廚做飯了，叫外賣也算是持家的一種表現啊。」被這麼一說，突然人有些暈眩，頭腦不太好的我突然

覺得頭上有了一圈光環，覺悟到：是啊，叫外賣似乎我會啊！選擇去哪個餐廳吃飯似乎我也通常不會讓先生失望。不得不佩服台灣朋友的伶牙俐齒，在那一刻，我還真的相信了。此後，我真的變得更自信了，彷彿自己就和現代版賢妻良母畫上了等號，隨著時間推移，我逐漸恢復理性，知道自己和這個代號還是相差甚遠。依然感謝這位台灣友人，場面上的鼓勵已經給我很多的能量，這樣的聊天方式值得學習。

　　我對自己的評價依然是「一個懶人」。

　　你或者身邊有人是「現代版賢妻良母」嗎？

五十四・那一晚，我用一杯水潑向了那個女人。

冬念 夏想

先介紹一下我的父親，小時候，母親照顧我的時間較多，我比較黏母親，因為對於獨女來說，她是我兒時最親密的依靠。父親獨自帶我的時間較少，且孩子天生有感知，能夠明白誰對自己比較上心。母親對我很用心，對我各種噓寒問暖，那種真切的愛孩子很容易感受到。可能因為是男士的關係，父親獨自帶我時，如果身邊有同事或者朋友在，他容易不經意把我晾一邊，最多能確保我的生命安全，那種作為母親無微不至的關照，他是做不到的，所以，和父親獨自帶我相比，我更習慣有母親的陪伴。

母親總有忙碌時，在大約5-7歲時，有一次父親帶我參加了一場公司同事聚集的晚宴，說晚宴是因為我印象中有好幾圍，那一整晚的片段我已經遺忘，腦海中還記得一些片段，父親有一位女同事從吃飯開始就一直在灌他喝酒，不知是父親盛情難卻還是自己也想暢飲，只見父親一杯又一杯把酒灌入自己的肚中，年幼的我，當然又被晾在一邊無人理睬。不過我絕對不是吃素的！火眼晶晶的我已經看出這位同事和父親間不存在男女間的曖昧，在當時我的眼中，這位女同事

在欺負自己的父親，欺負他的軟弱，礙於面子的父親一直不停地喝酒。我非常擔心父親不勝酒力，怕他被那位阿姨無情灌醉。

在父親面紅耳赤之時，兒時的我覺得自己必須為父親做些什麼，不可以讓眼前的情況惡化下去。我估算了自己身處的狀況，推測無論我做什麼調皮的事，大家是不會去責怪一個年幼的孩子，隨即順手拿起了眼前的一杯水，走到了那位一直慫恿父親喝酒的女士面前，孤注一擲，把所有的水都潑到了她那淺色的百褶裙上。

「啊！」隨著她的一聲尖叫，我有種做了壞事後的爽快感。大人們都圍了過來，父親似乎終於意識到了我的存在。大家不明白這個孩子怎麼了？不需要他們去明白，父親殃殃地就此帶我歸家，在我心中，那一晚，我拯救了自己的父親。

什麼感受？大寫的「爽」。

已經成人的各位，善意提醒不要輕視和忽視身邊的小女孩。

　　兒童心理學家普遍認為，幼童第一次有意義的說謊，是成長的標誌。

　　我記憶中難以忘懷的兒時謊言，發生在幼兒園。那是一次意外，那時的自己大約 5-6 歲的年紀，在學校裡和同學們嬉戲時不小心跌倒。同一時間和我一起玩耍的同學，印象中依稀記得是一位受老師疼愛的孩子，父母也和老師關係熟稔。不知如何，我和這位同學關係一般，內心也沒有很喜歡她。

　　那次摔倒可把自己摔得不輕，頭上起了個瘀青的大包，當場哭成了淚人，倒在地上，模樣看似很痛苦，老師循聲而來，問我發生何事，當時痛苦不堪的我，做了件邪惡的事，可能是需要慰藉，也可能是不想一個人就這麼寂寞地摔倒，需要找一個藉口來掩飾自己的錯誤。我居然第一時間對老師說，是那位同學推倒了我。那位同學當然是不承認，可無論她怎麼解釋，我慘烈的樣子已贏得老師們一致的同情心，接下來，老師一個勁的批評她，安撫我。（具體細節已遺忘）

　　之後的一切變得無法控制。老師們不停責怪那位同學。不久，那位同學的父母打電話給我父母不停道歉，甚至送上了一盒巧克力來安慰我。冷靜下來的我陷入了極度的內疚，嘴裡吃著送來的巧克力，心中沒

有一絲甜意，不是正途獲得的快樂再怎麼咀嚼也是無味。幼年的我知道自己不需要對方的道歉，因為錯的人是自己。

再度回到幼兒園後，老師們也時不時批評那位同學，那位同學一直解釋說她沒有推過我，也被老師說哭了幾次，可居然沒有人信她，我更內疚了。我厭惡那一刻我所撒的謊，也反感謊言後那些無法控制的事。

謊言後良心的掙扎讓 6 歲的孩子內心無法平靜，直到幾日後，因為那位同學一直堅稱自己沒有推倒任何人，老師也終於來質問我真相究竟是什麼？

那一刻，年幼的我決定不再隱瞞，我招了，我什麼都承認了，是的！是我自己倒下的，沒有人碰過我。

那一刻老師的第一反應也讓我驚訝，不過我也理解，她氣急敗壞地質問我為何撒謊，隨後她當場把我推倒在地。（在此不評價這位老師的教師素質等操守問題。）我又一次摔倒了，一個人坐在地上無聲抽泣，心中也明白再也沒人會給我安慰。是的，我又倒下了，獨自去彌補自己之前的錯，內心的愧疚感卻一掃而空。

對不起，那位兒時的同學！

那一日，那位孩子，掌握了撒謊的技能後也學會了坦誠。

　　有一年，我還沒有做母親，私人時間比較多。在過年時，一時興起提議幫先生一起包紅包，他也樂意有我這個幫手。錢被分為了 20、50、100 港幣這樣三個不同的數額，數額的背後也象徵不同的親疏關係。我自認耐性還不錯，就這樣一張一張全新的紙幣被我放入信封，等待未來屬於它們的主人，完成給人新一年祝福的使命。從一開始工作時的興致勃勃，到後來包到腰痠背痛，手指打結，一個多小時後，眼前已經座落了一堆又一堆的紅包山，看似壯觀，可仔細一算，這些紅包的總金額總計也不夠買一個奢飾品牌的皮具包。（不知當時為何腦迴路如此？）

　　在辛勞後，看著這堆紅包山，我居然頓悟了。如果我拿這些錢去買一個昂貴的奢侈品回家，可能也就用幾次後就束之高閣，久而久之就變成了負擔。如果拿一萬元現金來舉例，可以分成 100 份 100 元，可以讓 50 個人快樂，（通常紅包一人發雙份討吉利。）如果分成 200 份 50 元，就可以讓 100 個人快樂，如果分成 500 份 20 元，就可以讓 250 個人快樂。就算不給別人發紅包，其實 100 元的費用也可以做很多有趣的事，

100 個 100 元可以做 100 件快樂的事，為何要去消費一筆巨額的奢侈品？

　　可能這樣思考也不是那麼合理，不過當時的我確實是這樣想的。

　　個人而言也不是完全反對消費奢侈品，只是覺得沒必要太沈迷，善用每一筆來之不易的金錢比較理智。

慢慢總結出屬於自己的交友規律，怎樣的朋友是自己喜愛的。

主要參考的不是對方，而是自己，當和對方相處時的自己，是否是本人喜愛的樣子，是評判對方是否是好友的標準。

和有一些好友在一起時，會覺得自己特別風趣幽默，感覺自己是一個侃侃而談有趣的人，且相處時不會覺得拘謹，彼此的磁場處在一個和諧的震動頻率，這樣的朋友通常可以認定為自己喜愛的。

和有一些朋友在一起，會覺得自己特別無趣，甚至覺得自己的存在有些多餘，嚴重時會厭惡相處時的自己，這樣的關係最多也就是普通朋友。

也遇見過有些朋友其實心中挺喜歡對方，可是在一起時會覺得自己很客套，似乎在接待一位不熟的賓客，冷靜想一想，應該也不算是合拍的朋友。

隨著年齡的增長，除了在乎對方外，更重視自己的感受，如果只是一味的迎合讓自己很累，即使心中是喜愛對方的，也會慢慢把好感冷卻下來，那種不平等的喜愛，漸漸也就不愛了。

個人覺得除了友情，愛情上也適用。（不一定適用於所有人。）

五十八．雨天，那輛車朝我衝來。

一個普通早晨，和往常一樣，坐上了先生的車，去哪裡做什麼事早已遺忘。只記得車啟動後不久，在一個路口，交通燈轉換為紅色，我們停在了一座學校邊。這時，天空開始下起毛毛細雨，氣氛有些沈悶。人們靜靜坐在車內等待信號燈轉換成綠色，周圍的車都和我們一樣進入了相對靜止的狀態。

一瞬間，交通燈的顏色由紅轉綠，司機們紛紛打起精神準備繼續彼此的路程。就在這個時候，坐在副駕駛的我看到另一邊逆向行使的車輛也開始由靜止轉為移動。人感覺有些不妥，本能的，定神一看，排在第一位的車輛居然朝我所在方向駛來。

那一剎那，頭腦一片空白，來不及去恐懼，幸好車在朝我的方向駛來後不久，司機又獲得了掌控權，車被調整回了原來前進的方向。一切歸於原位，彷彿什麼都沒有發生過。身邊的先生似乎很淡定，我定了定神後，不禁感嘆死神似乎從我身邊擦身而過。學過車的朋友都知道，天剛開始下雨的時候，是司機最需要小心的時候，特別是操控方向盤時和踩剎車時不能動作太大，雖然我能理解當時對方所面臨的情況，還是切身感受到了人生處處是風險的事實。

這樣的經歷讓人更懂得珍惜當下，即使做好準備，人生也不知下一刻會發生什麼轉變。想到了曾經有一位朋友，她的父親在退休前充滿喜悅，他終於等到了可以每個月領取退休工資的時候，晚年似乎可以無憂無慮高枕無憂了。可惜，朋友的父親一退休，人就走了。這個故事我聽後唏噓到現在。許多認識的朋友有如此思維：「我再努力幾年，等孩子們長大了，再去旅行，再去享樂。」人生有計畫固然是好事，不過我個人認為也要做好風雲突變的準備。

　　我們可以去為未來做好詳盡的打算，也要擁有隨時離去而不悔的準備。珍惜當下，更重要的是，對當下的自己好一些吧，不要把全部希望留在未來。來，明天去做個精油 spa ？

五十九 · 媽媽與我

小時候特別黏我的母親，最主要的原因當然是因為媽媽對我無微不至的關愛。其次的原因長大後才明白，作為獨生子女，父親工作忙碌，除了母親，也沒有第二個人會陪伴自己了，潛意識的求生本能知道跟著她是明智之舉。媽媽把她的愛百分百傾注給我，在我的記憶中，她從沒有離開我超過 2 日，那僅有的離開我的日子是公司不得已的出差。在很小的時候，只要媽媽不在我的視線範圍內，我就會大哭，彷彿看不見她，自己就無法存活下去。

我特別愛和媽媽一起同床共眠，喜歡聞她的體味，她身上香香的味道大概就是幸福的味道。曾經有一日午後，媽媽和我一起午睡，當我醒來時，發現媽媽在順著我的頭髮摸著我的頭。我閉著眼睛假裝自己還未醒來，偷偷觀察媽媽的舉動，她的動作持續了很久，我在清醒的意識下，沐浴在母愛的溫暖中不願真正醒來。媽媽的愛滋潤和填滿了我的童年，在很長的一段時間裡，母親的愛是我活著的意義。

長大後，和母親依然在一起生活，可那種親密感隨著人的成長而漸漸消散。我依然愛我的母親，她也

依然愛我，可我們漸漸產生了距離。有許多秘密我情願放在心中也不願和她一起分享了。漸漸地，我也不和她繼續睡午覺，我甚至覺得以前白皙圓潤的她有些乾瘦了，身上的香味也逐漸散去。接觸的人多了，我也有了屬於我自己的世界，更愛和朋友們作伴而非黏著她，更喜歡獨處而非陪著她，她還是如此愛我，幫我打理好一切，讓我無憂無慮地成長。即使彼此沒有如影相隨般的親近，母親還是我少年時期最強的依靠。

有了家庭後，和母親的距離更遠了，母親的頭髮白了不少，背也駝了。即使見面，大家也從最初的親密變成了客氣，她更願意去親近我的孩子了。她無比疼愛我的孩子們，偶爾我也會有失寵的感覺，但身邊人提醒我因為她愛我所以才會如此疼愛我的孩子們。

我知道，現在我和我的孩子如此親近，有一日，她們也會有屬於她們的世界，我們終有一日也會以禮相待，大概那就是人生吧。

不知他人心中如何排名，在我心中，母親永遠是在這個世界上最愛的人。

六十 · 電影與我

　　小學時期，學校經常會組織我們去看電影，絕大部分電影作品已經遺忘，腦海中還有兩部作品。一部是《勇敢者的遊戲》（英文名《Jumanji》），一部就是《阿甘正傳》（英文名《Forrest Gump》）。第一部作品讓我徹底忘記自己是誰，投入到片中的玄幻情節中，讓童年的自己感受到了電影的造夢魅力。第二部作品，因為上映時才二年級，作為二年級的小學生被老師們帶去影院看一部 142 分鐘的電影作品，估計是老師們集體的選擇了（^^）。作為當年的奧斯卡金像獎作品，打敗了另一部佳作《肖生克的救贖》（英文名《The Shawshank Redemption》），其實無論當時我的年紀看其中任何一部作品都是完全看不明白的，對於《阿甘正傳》，情節幾乎都忘了，只記得幾個畫面，一個是阿甘一直在跑，另一個是他在打乒乓球，然後就沒有了。無論如何，算是在兒時和電影結了緣，而且還遇見了一部奧斯卡最佳作品，感覺作為小學生的自己非常幸運。

　　長大後也喜歡看電影，不過基本都愛看商業片。記得中學畢業寫給朋友的紀念冊裡，最愛的電影這個

選項我記得填寫的是韓國電影《我的野蠻女友》。中學時還喜歡一部電影叫做《蝴蝶效應》（英文名《The Butterfly Effect》）。我覺得電影和電視劇對我而言不同的地方是，它在我腦海中留下的許多片段似乎無法忘懷。電視劇看完記憶也就隨著大結局後而煙消雲散，電影的畫面卻永遠駐留了。人生中的某個時間點，某一部電影作品的畫面會突然閃現在腦海，和當下的心境呼應，那些曾經目睹的片段成了大腦中永恆的經典畫面。電影中的配樂也會紮根於腦，偶爾聽到都會把電影中的情節給勾起，又在腦海中不斷纏繞。

記得高中時期，一個人跑去家附近的影院看了《蜘蛛俠》（2002版本），隨著蜘蛛俠在樓宇間穿梭，感覺實在是太魔幻了。其實沒什麼人生壓力，可依然喜歡《殺死比爾》、《黑夜傳說》、《生化危機》、《飢餓遊戲》、Marvel一系列作品，感覺很減壓，科幻片絕對是最愛。《星球大戰》、《蝙蝠俠》、《變形金剛》……也喜歡看歌舞形式的電影，比如《芝加哥》、《紅磨坊》、《愛樂之城》、《馬戲之王》等。喜歡看跳舞的電影《Step Up》。愛情片也是無法錯過的，《走出非洲》、《面紗》。也曾懷疑自己就是生活在《楚門的世界》中的人物。最誇張的是，連迪士尼Pixer、DreamWorks等動畫作品也很喜歡，《冰雪奇緣》、《Zootopia》、《Trolls》等等，總結自己就是一個簡單快樂的俗人。（笑）

電影可以在有限的時間內讓我忘記自己是誰，可以跟隨劇情一起做一場白日夢。

欣賞完一部電影後會給我營造一些成就感，彷彿是輕鬆愉悅地完成了一份小的練習或者挑戰。而我比較少看電視劇，可能劇集需要太多觀看時間太漫長，生活上自己做事效率又相對較低，根本抽不出時間定下心觀看電視劇，爽快度不如看完一部電影來得直接。電影是性價比高的娛樂項目，一部起碼 7 位數製作的費用，幾十元就可入場觀摩，絕對是物超所值。電影是我逃離人世間煩惱的解脫，哪怕是 90 分鐘，讓我做一個夢，讓我抽離當下投入另一個人的角色中體驗人生，都是一場精神的釋放。每個失意時得意時都可以在電影中找到安撫當下自己的作品。

我不介意一個人在電影院看電影，且很享受一個人看電影。

老公偏愛看商業片，只要是有猴子或者猩猩又或者哥斯拉這種做主角的片他一定捧場。也有一些朋友愛看純文藝片。我覺得都是好事，大家自己找到自己喜愛的作品就好，不過愛看商業片的人不應該嘲笑文藝片矯情、愛看文藝片的人也不需要去貶低商業片淺薄，每個人選擇適合自己的作品就好了。

在我心中真正好的電影是雅俗共賞的，比如《肖申克的救贖》。

冬念 夏想

希望電影這個表達模式可以一直演變生存下去。我昨天看到一篇文章的一段，覺得有點唏噓。

「曾記得，就在不遠的一百年前，萬人空巷，高朋滿座，戲曲曾是最接近大眾，最能雅俗共享的藝術形式。如今它卻變成了最難傳承的古典藝術。」

或許未來的電影的路也會這樣，以後的人類可能會更愛在人造虛擬時空中去感受不同場景，即使改變，希望也只是表達模式的升級，本質上電影還是那個造夢的電影。

電影，是我心中最高的藝術表達方式之一。

不過我不喜歡看恐怖片。（笑）

六十一 · 如何看藝術

　　小時候我們都看過《皇帝的新裝》，為了怕自己被別人定義為愚蠢，國王和大臣們紛紛讚揚他身上的那套所謂的華服。當那位本質沒穿衣服的國王，大膽地走在出巡的路上。看到赤裸的國王，百姓們都很驚訝，卻沒有人敢提出疑義，最後真相被一個天真的孩子一語道破，國王狼狽而逃。

　　我在網上查了下這個故意的寓意，如下。

　　「故事寓意

　　故事教訓我們無論什麼事都要自己親手去做和觀察，不能盲目的相信別人，同時間，我們一定要說實話，做個誠實的人。」

　　聯想到藝術品，當一幅藝術作品人人稱讚所有媒體爭相追捧時，當作為獨立的個體，覺得眼前的畫不過如此時，應該有什麼態度？或許是人生的經驗未到，未能感受畫面中作者想要傳達的訊息。或許是不了解藝術品的創作背景，不能和作者產生共鳴。

　　個人認為，看一幅作品也要誠實面對自己內心真實的感受，一幅無法打動自己的畫，哪怕是巨額價值

對於本人來說價值為零。而一張自己
喜愛的作品，即使是一個孩子的畫，
可以打動自己的就是有價值的作品，
甚至是無價的。不能人云亦云，覺得
市場認可的作品就是好作品，每個人
都是獨立的，最後的評判完全需要靠
自己。當然，成功的佳作必定有其背
後成功的理由，不過作為個人不需要
太盲目以市場來衡量所有作品。

每年，有許多畫廊古董店等分享佳作的地方，會
有好幾個拍賣行在這裡舉辦拍賣，藝術盛事也接連不
斷。有時候站在那些起拍價動輒幾億元的作品前，會
覺得迷幻和不可思議，腦海中已經惡俗地將作品物化，
會浮現出等價的許多物品，會驚嘆眼前的作品居然可
以買一棟大別墅類似的念頭。（俗人 ><）雖然每一次
拍賣所產生的天價讓人驚嘆，會理解有真正懂得欣賞
又有經濟實力的人在收藏這些佳作，也明白背後也有
投資人在利用藝術領域進行財富的保值，無論什麼動
機都好，其實對於我等普通人來說，是一件好事。藝
術經濟活動頻繁才可以讓大眾欣賞到各種佳作，因為
藝術界的發展蓬勃，新一代的年輕藝術家的作品才更
有機會給市場看到和繼續創作下去。怎麼看都是好事。

不過千萬不要人云亦云，自己的感受最重要，看
畫和見人一樣，都要看緣分，不強求，人的一生不可
能看完所有世間的畫，遇見了，有過共鳴了，就要感
謝那一次遇見，一切皆是緣。

六十二・他們手挽手去了哪裡？

那一年，在東京路行。我和先生約了日本銀座的一間米芝蓮餐廳，準備晚上吃壽司，雖然是摘星餐廳，不過環境比較狹小，所有食客們圍著狹長的桌子坐成一排。我們較早到了，入座後開始了晚餐。在餐桌的另一邊，廚師和他的夥計們正在忙碌，主廚和夥計們的身分一眼可辨，主廚的資深和閱歷刻在他的臉上，一開始夥計們幫他做一些準備烹飪的瑣碎事，關鍵的功夫活，例如切魚，都是由他親自完成。

本以為這只是一頓和往常一樣的日式晚餐，一切有序地進行著，客人們享用著食物，我們也默默在品嚐眼前的佳餚。突然，位於左邊的移動木門打開了，進來了十幾位客人。談笑風生走到我身邊坐下了，大家彷彿回到了自己的家，話匣子打開了，原本安靜的餐廳突然有種街邊大排檔的熱鬧感。隨行的還有一個導遊，導遊代表他們和餐廳服務員交流，幫他們點餐。對於我來說，這樣的場景見慣不怪，但是敏感的我發現廚師的眼神開始流露出反感的神色。心想雖然眼前真的有些吵鬧，對於主廚這樣每天都在這裡工作的人來說應該有經歷過類似的場景，他應該知道如何理性面對。

冬念 夏想

可後來，離譜的事開始了，我完全見不到廚師本人了。他不知道躲去了哪裡，菜由夥計們送上來，人卻不見了。我身邊的那些吵鬧的客人們依然喧鬧不斷，我也顧不得他們那麼多，專心好好享用自己眼前的食物。不久，主廚又出現了，有日本客人吃完準備離去。他點頭哈腰一陣寒暄地送走了客人們，然後又把自己藏起來了。我身邊的客人們估計趕著去逛街，很快就吃完了他們的晚飯，走的時候只有夥計們幫忙送客，當我們吃飯離去時，也沒有見到他本尊。

我認同，當別人不尊重你的時候，你沒有必要尊重對方，不過大廚可能敏感了，那些客人們未必不尊重他，大家的文化背景有差異，表達方式和習慣不同，把遊客的行為以當地人的標準來衡量似乎不太公平。當然他的地方他作主，不過作為星級餐廳來說似乎還是欠缺了什麼。或許是我敏感了，他可能只會日文不方便和非日文母語的客人溝通。不過真的有經歷過許多非常專業的日本師傅，送客時都會送到門口，有禮貌的歡送，沒有比較沒有傷害，這位大廚是不是放鬆些比較好？

鬱悶地離開之際，神奇的事發生了，有幾位穿著和服打扮精緻秀髮盤起的妙齡美女子和我們一起走進了電梯，同行的還有幾位年齡起碼 60 歲以上的男士，還有一位年紀起碼 50 歲以上的女士，他們在狹小的空間裡一路喧嘩到電梯抵達地面，雖然我聽不懂語言，但是我能明白大概他們在聊什麼，那位年長的女士一

直在感謝那幾位男性客人。本以為一陣寒暄後，那些
女孩子會和那位年長女士一起坐電梯回去，現實卻是
那幾個女孩子每人扶著那些走路都一搖一擺的男士甜
蜜地朝銀座主街道走去，漸行漸遠，只剩下那位 50+
女士依然在揮手告別，語氣激情澎湃，我到現在還不
明白他們去哪裡做什麼了，那一刻腦海中想自己圓的
故事是，那些女孩子送完爺爺們上車後還是會回來的
吧，應該是的，因為這裡是銀座！

　　旅行中無論遇見什麼事，只要在安全範圍以內，
都是值得去懷念的啊！

　　那個夜晚就這麼過去了，日本何時再見？

冬念 夏想

　　有一個認識多年的朋友，在相識的初期，她在我眼中的形象是一位可愛害羞的小妹妹，女生和女生在一起行為上不會顧忌太多，我們會手勾著對方，身體和頭靠在一起合影，彼此親密無間。

　　當時就知道她的性向是雙向的，一開始她的打扮是以女孩子裝束為基調，那時的我也不會去避諱什麼。在彼此的成長路上，她開始轉變成男孩的裝扮，髮型乃至動作身形都漸漸硬朗了起來。幾年後再見她，我的第一反應是不敢再貿然勾著她一起行走了，心中甚至覺得自己的朋友變成了一個男孩子，當得知她當時有女友時更不敢貿然和她動作過於親近，內心生怕產生一些沒必要的誤會。雖然交流時的感覺還是和從前一樣，內心卻會產生恍惚感，感覺朋友離我的距離遠了一些，熟悉和陌生的感覺似乎在同一時刻出現。

　　雖然彼此見面的頻率不算太頻繁，不過漸漸我也熟悉了彼此相處的狀態。大家在一起依然會嘻嘻哈哈談論境況，去傾訴大家眼中的世界。跨越了十幾年的友誼到最後性別已經不是彼此的阻礙，大家可以繼續相處下去才是最重要的。無論她的狀態如何，她都是我的朋友，和性別無關。

漸漸覺得自己做人也應該有一種態度，對外，先是一個人，再是女性的身分。人不端正，品行惡劣，是男是女也沒有意義了。

六十四．異國他鄉的三個上海女人

　　有一年身處荷蘭，在阿姆斯特丹準備去 Heineken Experience 的景點打卡，因為只有我一個人在這座城市，所以比較自由，在路上閒逛時遇見一間壽司店，忍不住食慾駐足停下吃了一餐午飯。那是一間街角的壽司店，可以坐在室內也可以選擇坐在餐廳門口，瞭望遠方悠閒的景色，整個人彷彿一邊坐在咖啡店一邊吃著壽司，悠閒自在之餘也可以享受美食。店員大概感受到了我身上的中國味，我們很自然開始了交談。她告訴我她來自上海（老鄉！），她跟著她丈夫來到了這裡。她丈夫是中國前體操教練，以人才引進的方式來到了阿姆，她也一同跟著過來生活，且已經拿到了荷蘭身份。

　　我好奇地問：「那需要進行什麼考核嗎？」她告訴我要進行荷蘭語的考核。我說：「啊！你這麼厲害，這麼一份陌生的語言可以說學習就學習嗎？」她淡淡地回答我：「還可以，學一些最基礎的生活用語不算太難。」「哇！想問你幾歲了？」英文學了很多年還在 How are you 水準的我問出了這麼一個突然的問題。「50 歲。」她也不避嫌她的年紀。「佩服佩服！」那

一刻小妹我真心服了。「真的還好,最基本荷蘭語不算太難。」她重複嘀咕了句。

她還偷偷告訴我了一個商業機密:「這裡 9 成的日本料理店都是香港人開的。」這點我絕對相信,因為港人真的很愛吃壽司 ^^。她看了看我背的包,最後還誇了我一句,小姑娘你的家境肯定很好,xxxxxx(一些讚美句)……我直說沒有沒有,又覺得很難一時半刻解釋清楚我的來歷和背景,也就懶得和她解釋。趕著說要去下個景點就和她告辭了。

在紐約的時候,去了一間日本料理餐廳(是多愛吃日本菜 ><),遇見的服務員說話的口音帶著濃厚的上海味,我就和她閒聊了幾句。她告訴我她住在紐約的皇后區,她工作的這間餐廳許多名人常來支持,前幾天還有一位澳門賭王的女兒來過。她和我介紹了餐廳廚師作為日本人如何成功在這裡打造日料王國,有哪些食物值得嘗試。最神奇的是她聽說我很快要離開這座城市,就給了我一個電話,是一個叫車的電話。她說許多華人都愛用,因為怕遇見一些不友好的的士司機,所以華人們搞了這樣的平台。我在走之前試著撥打了這個電話,是一位台灣口音的女子在電話另一端回覆,對方說會安排一位司機到我的住處。結果是一片混亂,在走那一天,我見不到任何司機和車輛,也沒有任何人聯繫我,打電話去平台接電話的人似乎也很迷茫。

當我決定放棄等待準備搭的士時，一個帶著眼鏡看似斯文的華人司機開著車出現在我面前，看他彷彿尋找什麼又茫然所失的樣子。我隨即走上前問他是否是司機在等客人去機場，對方才發現我就是他在尋找的人。坐上車，司機嘴上嘟嚷著平台如何操作混亂，我也不理那麼多了，可以安心去機場已經覺得很幸運。

前年去西班牙時，在一間商場也有緣遇見一位上海女子。機緣巧合我們聊了起來，她告訴我她來西班牙很多年了。以前曾是上海一所知名醫院的外科醫生，不過當年的工資很低，她感覺看不到希望，自己的家庭條件還算可以，在當年算是接近萬元戶的條件。（我其實不太懂萬元戶相當於現在多少錢。）她拼了命求家人幫她出國，家人借了許多錢供她出國，兜兜轉轉下來到了西班牙，工作了很久後終於把欠款還清。

她一邊和我訴說當年飄洋過海的艱苦經歷，一邊告訴我當年同事們在中國經濟起飛後收益頗多，尤其是外科醫生，收入可觀。這是當年離開時絕對預料不到的，否則就不會走得如此決絕。她的眼神略帶遺憾。不過她也透露她在西班牙找到了人生的另一半，有了自己的家庭，一份安穩的工作，人在異鄉，生活也是安逸且美好的，或許她只是遇見我這個老鄉和我發發牢騷罷了。年輕時人會有一些執念，希望衝破眼前的困局，追隨自己的夢想，遠走他鄉。這種激情本身就很讓人佩服！希望這位姐姐不去和他人比較，好好走下去，此心安處是吾鄉。

冬念 夏想

旅行經驗有限的自己可以在不同地方遇見三位老
鄉，也是一種緣分。

六十五 · 又聊父親

每一個父親都有他的閃光點，父親在我心中的地位也是崇高的，不過因為兒時他太過溺愛我，所以我有些失去父女相處時應有的分寸，沒大沒小之餘也愛和他發脾氣，他一直包容我的任性，以至於我更加囂張，現在再去回想一些失禮的畫面心中會有歉意，其實自己心中一直很尊重父親。在一路成長的過程中，我也在觀察父親，他雖然看似孩子氣，行為卻都是在維護自己的家，帶領這個小家庭走過多個春夏秋冬。個人最佩服父親的一點，需要從父親年輕時開始聊，有一些內容我只是偶爾聽他提起過，可能和真相有差距，不過大致的事實應該如此。

父親是標準理科男，尤其偏愛數學和物理，父親這一代因為上山下鄉沒有機會參加高考，所以父親在年輕時沒有上大學的機會，不過在外地務農時，他從來沒有放棄過自我提升，閒暇時間一直把書捧在手中。他的同事偶爾會和他開玩笑，問他看書學習有何用？他只是笑一笑，父親從來沒有因為他人的意見而放棄自我學習，他一直在自我進步。在生下我之前（或者在我年幼時）父親念了職工大學，在我小學時父親又

冬念 夏想

念了夜大（夜晚進修的大學），通過努力，拿到了夜大的本科畢業證書，那一年，他已經三十好幾了。

機會一直給予做好準備的人，那一年我小學四年級尾，五年級初，父親考慮更換工作，正好一間瑞士公司在招人，是父親工作上還有學業上都對口的專業，工作的最低要求是大學本科學歷。父親當年已經 40 歲了，他用他的夜大的學歷去披荊斬棘了，他對錄取不抱太大希望。作為家人的我當時也沒有做過多想法，希望父親能成功，也不想給他過多壓力。

經過反覆幾輪面試後，父親似乎入圍了最後幾位應聘者，在結果出來前，我們得知了父親已經落選的消息，我和母親安慰父親，本來就不是一件容易挑戰的事，就算失敗了也好過什麼都沒有做。過了幾個星期，大家已淡忘了此事，我和母親回到家，還未踏入房門時聽到父親在廚房哼唱著樂曲，從旋律可以感受到他的喜悅。入門後，我們問他為何心情這麼好，方從父親口中得知那間公司最後願意給他這份工作的好消息。那一天大概是父親人生中的一個轉折點，那一份喜悅至今還記在我心中，在我看來這也是一種奇蹟，一種自我持久奮鬥不放棄的成功。

父親在這間公司一直工作到退休，工作中的艱辛他從不表現在臉上，他是一個踏實的人，即使今日退休賦閒在家，他依然不放棄學習，時不研究數學和增進英文水準，我看到他依然有些害怕，因為他喜歡抓

著我和我討論數學問題，和我討論數學的美，可我偏偏不是一個愛理科的人，他的愛好完全不是出於功利性，他是真的愛好數學，即使現在他也一直提醒我要持續自我增值，我也一直點頭敷衍他，心中或多或少也不敢怠慢每一日。父親的經歷令我時刻提醒自己，無論在何時何地都不要放棄自己內心的喜好，不要因為各種限制而放棄自己，還是要努力不懈去成為更好的自己。父親不是誰的英雄，不是傳奇式的偉大人物，他是一位我尊重的好爸爸。

冬念 夏想

在科技變幻萬千的時代裡，每個人都面臨大大小小的挑戰，生活習慣也在不斷作出改變，前幾日還在電台中聽到上了年紀的主持人們回憶學生時期彼此煲電話粥的經歷。如今，大家更偏愛用社交軟件發送語音和文字，語音通話漸漸式微。科技的洪流不斷推動人類的日常習慣，在這一波又一波的科技更迭中，我漸漸陷入了迷失。

個人每天面臨的最大的問題是，想要獲取的資訊無法在一日內中消化，就推延至明天吧，明天又轉移到後日，日積月累，似乎欠的「債」越來越多，那些所謂的「債」變成了個人的負擔，有時，看一眼還未看卻已積壓成堆的雜誌和報刊，心情會覺得沉重，一種欠「債」太多心有餘而力不足的感受。雖然心中明白這種壓力是自己給自己的，卻還是會陷入自責。

身邊的朋友喜歡煲劇，每次和我推薦最新熱播劇時我都表示自己沒有時間看，朋友居然還會羨慕我生活如此忙碌和充實，我明白真相是個人管理時間能力太弱，試問誰不想閑到煲劇？！當然這裡先不討論個人時間的分配，擁有這項能力前先需要練就抵禦各種誘惑的

功力，我很容易被各種資訊吸引注意力，Instagram 看一眼，朋友圈給一個讚，小紅書刷一下，這裡在研究王力宏太太控訴她先生的內容，那裡被視頻網站推送如何改善黑眼圈的妙方，這裡又有如何養育女兒的絕招，那裡又有法國女人如何優雅穿著的建議，這裡報刊的專欄還沒看完。時間就這麼在指尖溜走，每天各種信息就好像從天而降的雨水，不斷向我灌溉，一顆水分吸收養分充足的幼苗就要走向被壓扁的邊緣。

以前看那些勵志感人的報道後震撼感會持續很久，會流淚會憤恨會持續一段相當久的時間。如今，依然會感動，但是感動後注意力會快速轉移到另一個話題中，感動也開始變得廉價，人逐漸走向麻木。

細想問題絕對不是出在資訊的氾濫上，而是自己對自己接受內容的把控上，心中明白自己需要做一個精明的資訊接受者，做起來卻沒那麼容易，說到底還是自己貪念重了，什麼都想知曉，也就造就了自己不安。

還是要學會放下，明白自己無法通曉一切的客觀事實，資訊上的斷捨離，也是一項必要且迫在眉睫的修行，你有這個困擾嗎？

六十七‧上海那輛差點側翻的電車

　　小時候常穿梭於自己家和外公家，兩個地點都位於上海市虹口區，距離大約坐電車的話有 3 站路左右。事情發生的時候我還未到 6 歲，那一日晚上，母親帶著我坐電車回家，電車的號碼已經淡忘了，是 20 路還是 25 路？不重要了，90 年代初的上海夜晚安靜祥和，路上人流稀少，偶爾會看見幾盞夜燈為路人照亮回家的路。

　　我和母親坐在電車的最後一排，車上不算擁擠，大概坐了 7 成的乘客，沒有人站著，電車慢悠悠地開動了起來，我坐在母親身邊，充滿安全感，在電車慢悠悠的節奏下駛向自己的家。在手機還未盛行的年代，車上的乘客們不是在小憩片刻，就是看著窗外漆黑的夜景。

　　突然，車上的人開始集體尖叫，我的母親也跟著大叫，一開始我懵懂地看著大人們，不明白他們為何如此驚訝，母親告訴我，車在開的途中有些傾斜，幸運的是，車很快就恢復了正常模式，又以平靜悠閒的方式在原來的路線上行駛。車上的乘客似乎還沈浸在驚恐的情緒中，在大家還未緩過神，車又開始傾斜了，

這次年幼的我有了真實的感受，車右邊的車輪全部離地，電車傾斜了大約 15-20 度的角度，然後車輪著地又恢復到原來的平穩。車上的乘客全部嚇到不行，我不記得是否到站，只記得好多人紛紛下車保命。

車上一下子少了接近一半的人，車廂顯得空空蕩蕩，稀疏坐著幾個人。母親也很驚嚇，但她似乎依然紋絲不動地坐在座位上，車上的人大概不是被嚇傻了，就是覺得車只是暫時出了一些小意外，不會影響它繼續正常的運行。甚至有人安慰自己說已經下去一批人，應該不會再出事了。我雖然年紀小，可也有本能的恐懼感，不過因為年紀尚小，只能陪坐在母親身旁，提心吊膽地看著周圍的一切。

車又開始繼續前行，似乎車恢復了往日的平和，似乎之前那兩次傾斜意外只是偶爾抽風，並不是機械出了什麼故障。還在電車上的人大概都有僥倖心理，大家應該都明白如果電車傾斜幅度再大一些，電車會側翻在路上，玻璃全部會碎裂，結果或許會很慘烈。

我戰戰兢兢地坐在車上，緊緊勾著母親的手肘。不幸和幸運同時出現，車在行進過程中，又發生了幾次傾斜，幸運的是，接下來的每一次傾斜幅度都微弱，

和之前那兩次相比已是小巫見大巫，大家似乎因為之前那兩次傾斜已經有了恐怖的體驗，所以對後面的幾次小傾斜也沒有給予太大的反應，大概人們心中覺得這是邁向痊癒過程中的小震盪。

那個開電車的司機估計也是懷有僥倖心理的，車快翻了，他還不依不饒地駕駛著它，那個年代沒有手機，他也無法向同僚求救，他估計也想與車共存亡，結果大家就這麼坐在他駕駛的車上一路亡命向前。

因為才 3 站的路程，所以沒多久，我和母親就下了車，我也鬆了口氣，為了再度奪回生命的自主權而歡呼。我想當時的母親不下車的原因還有一點就是因為還有 1 站就到家了，她覺得那 1 站的路程應該不會有事的，很快就會到站的。

如果那時候的我已經成年的話，我一定會拉著我母親下車的。我情願走回家也不願去拿生命做賭注，車費和路程與生命相比根本不值一提。君子不立危牆之下，可以遠離危險，為何要拿生命做賭注？

六十八 · 一隻游走在上海的女鬼

前幾日看了本人很喜歡的視頻博主老高與小茉的視頻，老高和大家講了一個日本人曾經經歷的瀕死體驗。在敘述中，那個主人公在嚴重受傷時，據他敘述他的靈魂從他肉身游離，以不同角度在觀察自己和周圍的環境，可以多方位多角度迅速切換視角。但是沒有人可以看到他，也沒有人可以與他對話。神奇的是大家似乎能感受到他的存在，大家都會繞過他行走，他坐在沙發上，別人就不會坐他坐的那個位置。

他可以看到自己睡在手術台上被醫生搶救，在他回到肉身之後，已經過了大約 7 天，他形容這 7 天對於他來說極度可怕，沒有人可以看到自己的虛空感讓他覺得壓抑和痛苦，在恢復肉身後，本來被斷定會變成植物人的他感覺又重新獲得了一次生命，在接下來的日子裡他從一個消極的人轉換成一位積極進取的人，樂觀地繼續活了下去。

雖然這個故事只是主人公單方面的敘述，但是令我想到了曾經的一個夢，夢中自己不知為何肉身已不在，人回到了自己位於上海的家，也看到自己的母親，但是母親看不到我，我嘗試與很多人溝通，沒有人可

冬念 夏想

以感受到我，作為無肉身人士我感覺到了極度的恐懼，但是夢中的自己也害怕別人看到我，因為不想嚇到別人，我想那段時期大概是壓力太大了，否則為何會做這樣無厘頭的夢。

雖然鬼怪是唯心的概念，但是我們活著的人是無法體驗死亡後的世界的，如果這真的是一種人死去後一段時間內的狀態，我覺得我們也要去理解作為失去肉身人士的痛苦。真的，不幸地遇見什麼靈異事件，也就保持鎮定吧，或許對方比你更害怕。

扯遠了，珍惜有肉身的當下吧。

六十九 · 無邪的孩子

剛認識先生的時候，時而會在重要節日參加他家庭的聚會，通常在聚會中，先生家的多位親戚會現身，大家會禮節性的和我打招呼，接著大家就回到自己座位，保持成年人之間那安全的距離。因為人生地不熟，也不是本地人，語言也不相同，一個人坐在座位上的我通常都是處於放空的狀態，但是那時有一個人會主動接近我。

那是一位 4 歲的小孩，是先生舅舅的兒子，孩子哪會懂成年人之間的距離感，他會主動和我親近，和我說一些我都聽不懂的話，我也會回覆一些他也聽不懂的話，他大概能感受到我的善意，時不時就從他那一桌跑來我這裡和我瞎嘟噥，他繞著我說話和時而在我身後轉圈緩解了我一個人就坐的寂寞感。他傻笑看著我的樣子也緩解了我內心的焦慮。

長大後的他漸漸變得沈默了，每一次見他他都長高了一些，和我的距離也疏遠了一些，他不會再來主動和我聊天，我會每一次呼喚他暱稱，他也會禮貌應答。直到有一日他的高度漸漸超出了我。他從小男孩變成了大男孩。因為母親從事護士的工作，對他的關

冬念 夏想

懷有些缺乏，之後見到他似乎時常沈溺於電子遊戲中，我也尋覓不到那單純可愛的微笑了，似乎人的所有意識都陷入了虛擬世界中，或許這是屬於他的排遣無聊的方式。雖然和這位晚輩從未深入交談過，我大概還是可以從他的舉止眼神中看到他內心的純真和善良。

小男孩最近去了加拿大留學，我想在他的記憶中我大概是一位無關緊要的長輩。在我心中，我會永遠記得他兒時可愛的模樣。

冬念 夏想

Life 065

書名：冬念夏想

作者：馬明圓

編輯：Angie Au

設計：4res

出版：紅出版（青森文化）

地址：香港灣仔道133號卓凌中心11樓

出版計劃查詢電話：(852) 2540 7517

電郵：editor@red-publish.com

網址：http://www.red-publish.com

香港總經銷：聯合新零售（香港）有限公司

台灣總經銷：貿騰發賣股份有限公司

地址：新北市中和區立德街136號6樓

電話：(866) 2-8227-5988

網址：http://www.namode.com

出版日期：2022年12月

圖書分類：流行讀物

ISBN：978-988-8822-26-3

定價：港幣98元正/ 新台幣390圓正